中华先贤人物故事汇

王勃

何昆 著

中华书局

图书在版编目（CIP）数据

王勃/何昆著.—北京：中华书局，2022.8（2024.3重印）
（中华先贤人物故事汇）
ISBN 978-7-101-15549-5

Ⅰ.王… Ⅱ.何… Ⅲ.王勃（650~677）-生平事迹
Ⅳ.K825.6

中国版本图书馆 CIP 数据核字（2021）第 279286 号

书　　名	王　勃
著　　者	何　昆
丛 书 名	中华先贤人物故事汇
责任编辑	陈　虎
责任印制	管　斌
出版发行	中华书局
	（北京市丰台区太平桥西里38号　100073）
	http://www.zhbc.com.cn
	E-mail:zhbc@zhbc.com.cn
印　　刷	三河市宏达印刷有限公司
版　　次	2022 年 8 月第 1 版
	2024 年 3 月第 3 次印刷
规　　格	开本/787×1092 毫米　1/32
	印张 4½　插页 2　字数 46 千字
印　　数	5001-8000 册
国际书号	ISBN 978-7-101-15549-5
定　　价	22.00 元

出版说明

孔子周游列国，创立儒家学说；张骞出使西域，开辟丝绸之路；书圣王羲之，留下了曲水流觞的佳话；诗仙李白，写下了"举头望明月，低头思故乡"的名篇；王安石为纠正时弊，推行变法；李时珍广集博采，躬亲实践，编撰医药学名著《本草纲目》……

这些杰出的历史人物，有的是在中华民族文明进程中做出过突出贡献、对后世产生过巨大影响的思想家、政治家，有的是对中华优秀传统文化的传承传播发挥过重大作用的文学家、艺术家、科学家，有的是为国家安定统一、民族融合团结和中外文化交流做出过杰出贡献的军事家、外交家……他们为中华民族的繁荣发展做出了伟大的贡献，他们的行为事迹、风范品格为当世楷模，并垂范后世。

　　他们是中华民族的先贤人物。他们的思想、品德、事迹，是中华优秀传统文化的结晶；他们的故事，是对中华民族的禀赋、特点和气质最生动、最鲜活的阐释；他们的名字，在五千年中华文明史上最为光彩夺目；他们为五千年中华文明史书写了最为光辉灿烂的篇章。

　　为了解先贤，走近先贤，我们精心组织编写了这套《中华先贤人物故事汇》丛书，以翔实可靠的史料为依据，细腻动人的故事为载体，真实地呈现中华先贤人物的事迹、品格和精神风貌，彰显他们的贡献和功绩，激发人们对国家民族的热爱，对中华文明、中华优秀传统文化的崇敬。

　　开卷有益，期待这套丛书成为你的良师益友。

目 录

导读 ·· 1

芝兰玉树 ······································ 1

拜师曹元 ······································ 13

驰誉天下 ······································ 19

初入仕途 ······································ 37

因文被逐 ······································ 41

入蜀游历 ······································ 55

重归仕途 ······································ 72

再遭贬谪 …………………………………… 77

一字千金 …………………………………… 86

豆豉治病 …………………………………… 98

宝塔铭文 …………………………………… 108

魂归碧波 …………………………………… 118

高宗三叹 …………………………………… 123

王勃生平简表 ……………………………… 130

导 读

　　王勃（650—676）[1]，字子安，绛州龙门（今山西河津）人。唐朝文学家，与杨炯、卢照邻、骆宾王并称"初唐四杰"。作为四杰之冠的王勃，不仅在诗歌创作上有杰出贡献，被后世称为"诗杰"；其"文章巨丽，为四杰之首"，同样为后世称颂。名作《滕王阁序》（全称《秋日登洪府滕王阁饯别序》）千古传诵。诗文皆"自能成羽翼"（《观内怀仙》），其才显于当时，名于后世。

　　王勃一生才高命蹇（jiǎn）。六岁善文辞，构思无滞。九岁读《汉书注》，撰《指瑕》十卷。十

---

[1]　关于王勃生卒年，学界尚有不同说法，此处取生于650年，卒于676年。

岁精通六经。十一岁拜师名医曹元，学《周易章句》《黄帝素问》《难经》。十四岁知名于世。十五岁上书宰相，被赞为"神童"。十七岁应幽素举，及第，拜为朝散郎；沛王闻其名，召为沛王府修撰。二十岁因斗鸡檄文被罢黜，辞别长安，入蜀游历。二十三岁由蜀返长安，文名已高。二十四岁重返仕途，任虢（guó）州参军。二十五岁因匿杀官奴曹达获罪，身陷囹圄；幸遇大赦，被释出狱。二十七岁交趾省父，堕水而卒。

在王勃短暂而辉煌的一生中，引人瞩目的除了他的"才"，还有他的"情"。王勃出身于诗书传家的名门望族，幼年时便显露出非凡才华，有"神童"美誉。诗礼传家的家风，还熏陶出王勃的"文儒"（《上明员外启》）情怀。他关注现实，积极入世，希望以自己的才华为国效力，大展宏图。家族儒学传统的陶染，昂扬的时代风气的影响，使他的诗文中寄托着家国情怀，也饱含着对友人的深情厚谊和对山川景物的赞美之情。在这些坚守儒道、寄情山水的作品中，不仅有令人惊叹的才华，还有任情适性、超凡脱俗的文人风度。"才"与"情"的相得益彰使其诗文名垂千古。

王勃的人生恰如夏花，绚烂夺目，匆匆而逝；虽极短暂，却光耀后世。他著作甚丰，诗、文、赋无不精通，并以其英迈的词情、昂扬的格调，开启了盛唐之音，不愧为"唐人开山祖"。

芝兰玉树

傍晚，路口，三个男孩雀跃地眺望着，小脸上都带着喜悦之色。

三个孩子高矮不同，但长得很像，一看便是兄弟。看他们的样子，多半是在等人。果然，最高的男孩对着那身量未足、形容尚小的男孩说："看来我们来得太早，父亲的轿子还要过些时候才到。站了许久，累了吧？哥哥抱你吧？"

那小男孩笑着摇摇头："不累。哥哥，我想看会儿书。"哥哥点头，将随身带着的书递到小男孩手中。

王福畤（zhì）挑开轿帘，向外望去。眼见天色渐晚，心里不由得生出几分焦急：自己难得回家

此时，小王勃还沉浸在书中。父亲的轿子到了，他没看到；兄长们的呼唤，他没听到。

探亲，几个孩子怕是早已等在路边了。想到孩子们，他的脸上不觉露出慈爱的笑容。他常常忙于公事，却从未忽略对孩子们的教育，深怕辱没了王家世代书香的声名。王勔（miǎn）、王勮（jù）、王勃虽年纪还小，但都颇善文辞，知书达礼。特别是刚六岁的小王勃，竟也构思无滞，词情英迈。

离家越来越近了。

王福畤更加想念许久未见的孩子们。小王勃长高了许多吧？渐渐地，他看见了两个小身影。他脸上的笑意更深，又将头向外探了探，眉头却又微蹙起来。小王勃呢？怎么没看见那个娃娃呢？没有来？应该会来啊！目光流转间，他看到一个小小的身影，在低着头，捧着书。

这时，在路口等候多时的孩子们也看到了父亲的轿子，欢欣雀跃起来。待王福畤下了轿，两个孩子便开心地迎了上去。

"孩子们长大了啊！"王福畤看着孩子们的笑脸，满心欢喜。

此时，小王勃还沉浸在书中。父亲的轿子到了，他没看到；兄长们的呼唤，他没听到。王福時走到他身边，轻轻地抚摸着他的头，小王勃这才抬起了头。父亲慈爱的笑容映入眼帘。"父亲！父亲！"小王勃高兴地呼喊着。"父亲是从书里走出来的吗？"小王勃心里暗想："和哥哥们一起等了好久，都没看见父亲的轿子，怎么刚一读书，父亲就出现在了眼前呢？"

小王勃的专心致志如同魔法，消除了等待的焦灼与漫长。

王福畤没有责怪王勃的失礼，还对他读书专心大加赞赏。看着眼前三个聪慧、懂事的孩子，王福畤在心中感慨道："有子如此，吾心甚慰！"

《旧唐书·文苑列传上·王勃传》中称王勃"与兄勔、勮，才藻相类"。宋人葛立方《韵语阳秋》（卷10）也说王福畤之子勔、勮、勃皆有才名，故杜易简称他们为"三珠树"。"三珠树"语出《山海经》。《海外南经》中记载："三珠树在厌火北，生赤水上。其为树如柏，叶皆为珠。一曰其为树若彗。""三珠树"之誉，贴切地赞美了王勃兄弟的文采斐然。

王家的"三珠树"，即王勔、王勮和王勃。

王勔，王勃长兄，进士，累官至泾州刺史。虽鲜有作品传世，在当时却颇富才名。《全唐诗》中存其《晦日宴高氏林亭同用华字》诗一首，《全唐文》中仅存其残缺的《百合花赋》半篇。即便如此，也能于其间见出王勔的卓越文采。

王勮，王勃二哥，弱冠便进士登第，官至凤阁舍人。他文思敏捷，且有为官之才。有知人之鉴的吏部侍郎裴行俭，对声名远扬的"四杰"不甚看重，认为王勃等人虽有文采，却失于浮躁，很难成为为民造福的好官，反倒对王勃的兄长王勮十分欣赏，认为王勮和苏味道都具有政治才能，日后都能成为朝廷的中流砥柱。

王氏兄弟中，除王勃之外，进士及第者有三人：王勔、王勮和王助。王勃之弟王助是王家第四位中进士的孩子，与几位兄长一样颇有文采。此外，王劼、王劝等也皆善文，为人称道。

永徽元年（650），绛州龙门。

"永徽"，是唐朝第三位皇帝高宗李治的第一个年号。这时唐朝版图空前广大，边陲安定，百姓生活富足安宁，颇有"贞观之治"的遗风，史称"永徽之治"。

绛州龙门（今山西河津）是一个有故事的地方，历来为世人传颂的"鲤鱼跃龙门"的故事就发生在这里。生活在这里的人们，身上也有着"鲤鱼跃龙门"的精神。这里有改造河山的大禹，也有博学多才的大儒，其中就包括王勃的祖父、隋朝大儒王通。隋亡后他回乡隐居设教，授徒千余人。

大唐盛世，地杰人灵。王勃诞生于这盛世福地，展开了他不平凡的人生画卷。

王勃是个早慧的孩子，小小年纪就显露出不凡的才能。他才思敏捷，能诗善画，有"小秀才"的美称。

小王勃的绘画是跟一位远房叔叔学习的。时值冬日，天气寒冷，画完画后，叔侄二人一边围炉取暖，一边惬意地聊着天。

喜爱谜语的小王勃没有让叔叔给他故事，而是说："叔叔，您给我出个谜语吧？"叔叔望着窗外的风雪，思考了一会儿后说："此花自古无人栽，每到隆冬它会开。无根无叶真奇怪，春风一吹回天外。"

此情此景，王勃立刻便猜到了答案，可他脱口而出的却是："只织白布不纺纱，铺天盖地压庄稼。鸡在上面画竹叶，狗在上面印梅花。"聪慧的小王勃没有直接说出"雪花"这一答案，而是同样作诗一首。谜底与谜面相呼应，用这首充满童真童趣的诗，巧妙地回答了叔叔的谜语。

父亲王福畤很喜爱聪明伶俐的小王勃。一次，王福畤的一位好友喜得贵子，他带着小王勃前去祝贺。客人们早就听说王勃聪慧过人，便想借着眼前的喜事考一考他。

一位客人指着门上挂着的珠帘对王勃说："我出个上联吧：门上挂珠帘，你说是王家帘、朱家帘？"这个上联表面上看说的就是珠帘，但其实暗藏玄机：其一，"朱家帘"暗合了主人家的姓氏朱姓；其二，第一句中的"珠"字被拆为"王"字和"朱"字出现在后面两句中。这不是普通的对联，而是拆字联。

拆字联是对联的一种特殊形式，拆字，也称析字、离合，是将汉字字形的各部分拆开来，使之成为另几个字（或形），并赋予各字（或形）以新的意义。

王勃的下联要用同样的方式合情合理地对出来，并不简单。正当宾客们暗暗地为小王勃捏了一把汗时，他即朗声说："半夜生孩儿，我管他子时儿、亥时儿！"

众人一听，纷纷拍手称赞。小王勃这个下联对得很工整：第一，"生孩儿"呼应了主人家的喜事；第二，下联按照上联的形式，同样位置的"孩"字，被拆分为"子"字和"亥"字，而且文意通顺。"子时"和"亥时"，是古时表示时间的词语。中国古人把一天划分为十二个时辰，每个时辰相当于现在的两小时。"子时"就是23点到1点，"亥时"是21点到23点。上下两联工整而应景地烘托了主人家添丁得子的喜悦气氛。

王勃小小年纪就有所成就，得益于他善于思考的性格，也得益于父亲循循善诱的教导。王勃兄弟众多。他六岁时，母亲又生下一个小弟弟，父亲为这个孩子取名为"王劼"。小王勃听了，心想自己的两位哥哥叫王勔、王勮，自己叫王勃，弟弟叫王助，这个刚出生的弟弟叫王劼，便问父亲："父亲，为什么我们兄弟几人的名字中都有个'力'字呢？"

正沉浸在得子喜悦中的王福畴听到王勃的疑问，笑着说："你平日里读书勤奋，已经读了不少圣贤之言，你猜猜看父亲为什么这样给你们取名字呢？"

小王勃思索了一会儿，想到《左传》中有"君子劳心，小人劳力，先王之制也"之言，便回答道："君子劳心，小人劳力。您为我们取的名字中都有'力'字，是不是告诉我们要谦虚努力，不以君子自居，以后长大成人了，要报效国家、为国效力？"

父亲听了王勃的回答，微笑着点点头。小小年纪已有如此家国之思，很是难得。有子如此，他很是欣慰。

王勃自小就爱读书。他年纪虽小，读书却不少。父亲会在表扬王勃的同时，给他适当的引导：

"你爱读书、多读书当然是好事，但是你也要知道，读书人切记不能读死书。"

父亲的教导使王勃逐渐养成了带着怀疑精神读书的习惯。正因如此，王勃在九岁时便撰写出自己的第一部十卷本的专著《〈汉书注〉指瑕》。

《汉书》为东汉史学家班固所作，是我国第一部纪传体断代史。因书中多用古字古义，艰深难懂，在当时便有许多学者为之作注。据《隋书·经籍志》记载，东汉至南北朝，为《汉书》作注的大约有二十家，其中以注释音义者居多，但众说纷纭，未有共识。直到唐代，颜师古在系统梳理前人注释的基础上，进行考证分析，写成了为大家所认同的《汉书注》。

九岁的王勃读到颜师古的《汉书注》时，却发现书中有不少值得商榷的地方。好学的他拿着书去向父亲请教。父亲对小王勃的质疑，既诧异又惊喜。

颜师古是唐朝初年的大经学家、训诂学家，更是《汉书》功臣。他订正了《汉书》在流传过程中产生的讹误脱漏，指出了词句演化的来由，恢复了《汉书》的原貌。颜师古所作新注，不仅内容丰富，而且引据确凿。不仅注音解词，而且还串讲语句，阐明了随时代推移出现的语音、词义上的变化，以及名物、典制、史实方面的不同等问题。他的注被大家认同，大显于世，唐太宗也曾为此褒奖了他。

如今，王勃一个九岁孩童竟敢质疑名家的论断，指出《汉书注》的纰漏，怎能不令人惊诧万分呢？不过，父亲可不是古板的老学究，他欣喜地鼓励王勃将其见解记录下来。就这样，王勃一边读史书，一边做读史笔记，记下了自己对《汉书注》纰漏的解释和修正，这就是后来的《〈汉书注〉指瑕》。

王勃的早慧与其深厚的家学渊源密切相关。王氏家族"出自有周"，晋之前，历任重官要职；晋之后，定居汾浦，以诗书传家，多有著述行于世。

正是在这样的文化世家中，才陶染出既有儒家的积极向上思想，又兼具道、释乐观旷达精神的一代奇才——王勃。儒家思想使他具有积极入世的精神，道、释思想使他具有豁达超然的人生态度。无论人生顺逆，他都耿介独立，光芒四射。

拜师曹元

显庆五年（660）时的大唐京都长安。

提到古时的读书人，你或许会想到拿着书、踱着方步、摇头晃脑吟诵的书生，又或许会联想到那句"百无一用是书生"。这实在是有些狭隘了。在古代，读书人不但会读经史子集，还多通医道。在他们看来，掌握医学本领，才能有为人子、尽孝道的能力。

王勃小时候，父亲不仅让他学习诗书礼乐，还嘱咐他要看医书、学医道。叮嘱王勃说："为人子女者，如果不懂一些医理，别人会把他当作不孝之子的。"聪慧的王勃听从父亲的教导，一边潜心研读各种医学著作，一边寻找机会访名医拜师求教。

机会总是垂青有准备的人。

王勃十一岁时随父亲来到长安。一日，他走在长安繁华的街上，看到一位老人在树下给人把脉治病。那老人白发飘飘，双目炯炯有神，透着睿智的光芒。老人把脉时神情极为专注，望、闻、问、切时详尽细致、一丝不苟，颇有些仙风道骨的样子。

周围的人们小声议论着："曹大夫就是厉害啊！""曹大夫真是华佗再世啊！"

原来，这白发老者就是当世名医曹元。王勃的心情激动起来："这不就是我想寻找的老师吗？"他按捺住激动的心情，等看病的人一一离去后，才走上前礼貌地向老人请求："曹大夫，我想跟您学习医术。"

忙碌了一天的曹元看向眼前的少年，心想："这孩子面目清秀，言辞有礼，想来应是出自诗书之家，读书入仕，才是他未来要走的道路吧。"思及此，他对少年笑了笑，说："孩子，学医是很辛苦的，你家里人是不会同意的！天也快黑了，快回家去吧!"说完便收拾起东西离开了。

王勃望着老人远去的背影,没有追赶,一直望着那背影消失于视野之外。

第二天,曹元像平时一样来到树下,摆摊行医。他发现昨日那个少年竟又来了。少年见到他,便礼貌地问候。在他给人看病的时候,少年就安静地站在一旁认真观看,直到太阳落山才离开。

曹元起初以为这不过是小孩子的一时兴起,过些时日,也就自己作罢了。日月更迭,不知不觉间数月过去了,少年并没有像曹元当初认为的那样出于心血来潮,而是从不间断、每天都早来晚走地跟在他身边默默学习。

少年的毅力和决心打动了医者的心。一天傍晚,当人都散尽了,曹元问少年:"孩子,你为什么想学习医术呢?"王勃毫不迟疑地回答:"懂得医术才能为父母尽孝道,才能照顾好亲人,才能帮助困苦的病人。"随后,他想了想又接着说:"再退一步说,懂得医术也能使自己更健康。曹大夫,这些就是我想学习医术的目的。"

王勃望着老人远去的背影，没有追赶，一直望着那背影消失于视野之外。

曹元听完，点了点头，心想："这个孩子有医者仁心，也有自己的想法，倒真是个学医的好材料。"接着又问："学医不但很辛苦，而且可能你花了很多工夫，也不一定有什么长进，你能坚持下去吗？"王勃坚定地回答："我一定能坚持到底！"曹元看着眼前这个清秀俊朗而神情坚毅的少年，感动、喜悦、期待掠过心头，他说："好吧，以后你就跟着我学医吧。"此后，王勃开始了他艰苦的学医之路。

在曹元的指导下，王勃认真研读了《易经》《素问》《难经》等书籍。

《易经》即《周易》，内容极为丰富，是中华民族思想、智慧的结晶，被誉为"大道之源"，也是中国传统思想文化中自然哲学与人文实践的理论根源。

《素问》，即《黄帝内经素问》，是《黄帝内经灵枢》的姊妹篇，二者合称为《黄帝内经》。《黄帝内经》是我国传统医学四大经典著作之一，也是第一部被冠以中华民族先祖"黄帝"之名的传世医学名著，更是我国医学宝库中现存成书最早的一部医学典籍。《黄帝内经》的医学理论，是建立在道家理论基础之上的，反映了古代天人合一的思想。

《难经》，原名《黄帝八十一难经》，又称《八十一难》。此书是在《素问》和《灵枢》的基础上提出八十一个问题进行重点讨论，并归纳成书，是中国传统医学四大经典著作之一。

这些在常人看来艰深难懂的典籍，王勃却读得兴致勃勃，只用了十五个月就学完了。后来，十八岁的王勃还为《黄帝八十一难经》作注，成为医学史上的一个传奇。

驰誉天下

随着这个有才学、有见识的"小秀才"日渐长大，他的声名也日渐远扬。反对"上官体"和上书宰相刘祥道两事，更使王勃驰誉天下。

唐高宗龙朔三年（663），十四岁的王勃以反对"上官体"而知名于世。

王勃十五岁时作《上刘右相书》。宰相刘祥道读后，赞其为"神童"，并向唐高宗推荐了他。王勃由此走上仕途。

唐高宗时期，确定了诗赋取士的科举考试制度，对唐代诗歌的发展产生了巨大影响，诗坛开始活跃。这为打破初唐浮艳诗风、突破上官体的局限奠定了基础。

上官体是唐代诗歌史上第一个以个人命名的诗歌风格称号，指唐高宗龙朔年间以上官仪为代表的宫廷诗风。题材以奉和、应制、咏物为主，辞藻华丽，内容空泛，重视形式技巧，追求声辞之美。

这种"绮错婉媚"的诗风风靡一时，士大夫们争相效仿。客观来说，上官仪在诗歌体制上是有创新的，他以高度纯熟的体物图貌技巧，冲淡了齐梁诗风的浮艳雕琢；但作为功成名就、志得意满的宫廷诗人，其诗作的题材、内容局限于应制、咏物，缺乏慷慨激情和雄杰之气。

王勃对这当时流行的上官体，大胆地表示了反对。

一次，王勃与友人们相约出游，大家谈及上官体"绮错婉媚"的诗风时，有人称赞上官体声辞之美，有人说"一代英主"唐太宗很是欣赏这种宫体诗，有人但笑不语，有人默默摇头。

显然，上官体无论在思想内容方面还是诗歌风格上，都无法将唐诗创作引上康庄大道。可眼前的众人，要么称颂，要么作壁上观，竟无人提出其他见解。看着这些年纪长自己颇多的文人雅士，王勃心知众人不是不知当今的诗风不利于诗歌的继续发展，只是不愿勇敢、主动地承担起诗歌变革的使命罢了。他们自己不敢或不愿为天下先，但或许他们也在等那个不一样的声音？

想到这里，年少的王勃率直地说："上官体虽然音律精细，但缺少真情实感。如果这种诗风一直蔓延下去，那就是诗歌的不幸啊！"

此言一出，众人皆望向王勃，眼神中夹杂着惊诧、意外，也有隐隐的激赏之色。当时在场的卢照邻对这个比自己年少十几岁的少年不由得刮目相看：小小年纪却颇有主见，其所言正合己意，却比自己多了一分耿介直言的勇气。他由衷赞道："子安说得有理，那你认为当下我们该如何突破这种诗风呢？"

王勃听到应和之声，心中一喜：有志同道合且敢于发声之人，甚好！至于如何突破这种诗风，与其夸夸其谈，不如赋诗一首，岂不更有说服力？他当下略一思索，便吟诵了一首名为《咏风》的诗：

肃肃凉风生，加我林壑清。

驱烟寻涧户，卷雾出山楹。

去来固无迹，动息如有情。

日落山水静，为君起松声。

王勃吟诵完，众人仿佛感受到那清凉的山风飕飕地迎面而来，从心底里升起一股清爽之感。上官体以"咏物"为主，王勃此诗也是"咏物"，却风格清新，与上官体"争构纤微、竞为雕刻"的诗风迥然不同。

王勃所咏之物"风"也是常见意象。历代文人咏风的诗很多，如萧纲、萧绎、刘孝绰、何逊、庾肩吾、虞世南、李世民都作过《咏风》诗，只是此诗所咏之风，不是习见的柔弱的香风，也不是王者席卷天下、威服四海的雄风，而是令人愉悦的凉爽秋风；同时又以风喻人、借风咏怀，寄托了自己的"青云之志"。

此诗托物言志，立意新，构思巧，既抓住了凉爽秋风令人愉悦、无所不在的特点，极富生活情趣，又通过拟人的手法，把风描写得慷慨无私、独具性灵。宋人计有功《唐诗纪事》赞道："最有余味，真天才也。"此诗不仅是王勃咏物诗的代表作，也是历代咏风诗中最驰名的一篇。

王勃用自己的实际行动，回答了卢照邻的问题。他的诗作恰如一股清新的风，涤荡着初唐浮艳的诗风。王勃对上官体的反对获得了普遍的赞赏，卢照邻更是将他视为知己。

在王勃首先反对初唐诗坛占统治地位的雕琢浮靡的宫廷诗风后，杨炯、卢照邻、骆宾王三人纷纷响应，一起投入了反对"上官体"的创作活动之中。他们的诗作在内容和风格上都有较大的突破，将诗歌题材从亭台楼阁、风花雪月的狭小范畴，扩展到山川江河、边塞大漠的广阔空间，赋予诗歌以新的生命力，为唐代文学的繁荣做出了重要贡献。

王勃、杨炯、卢照邻、骆宾王四人被并称为"初唐四杰"。他们反对绮靡文风，提倡抒发真情实感，对初唐浮艳诗风有所突破和革新。在唐诗发展进程中，"初唐四杰"起到了承先启后的作用。

志同道合的"四杰"皆是引人注目的人物。王勃自不必多言，其他三位也各有各的传奇。

骆宾王，出身寒微，少有才名。七岁时因作《咏鹅》诗而有"神童"之誉。《咏鹅》虽千古流传，但终归是"儿童"作品。骆宾王真正擅长的是七言歌行，他的名作《帝京篇》为初唐罕有的长篇，当时传遍京畿，"以为绝唱"。

在骆宾王的传奇里，还有一篇不能不提的文章，就是他为造反的徐敬业写的那篇极富煽动性和号召力的檄文《为徐敬业讨武曌（zhào）檄》。这篇檄文，连武则天看后竟感叹道："宰相安得失此人！"（《新唐书·文艺列传上·骆宾王传》）被骆宾王讨伐的武则天居然很欣赏他的才华，觉得像骆宾王这样有文才、有魄力的人没有被任用，是宰相的过失。也不怪武则天点名批评宰相，如果宰相好好任用了骆才子，他怎么会跑到造反派那边去写讨伐武则天的战斗檄文呢？

徐敬业败亡后，骆宾王下落不明，或说为乱军所杀，或说遁入空门。骆宾王谜一样的结局，让他成了有故事的人。

宋之问，是初唐名动天下的大诗人。唐中宗景龙中，他因事被贬。相传他从贬谪地还朝路过杭州时，到灵隐寺游览。当夜，明月当空，他诗兴大发，漫步吟诗，吟出了第一联"鹫岭郁岧峣，龙宫锁寂寥"后，溜达半天也没想出合适的下联。寺内有个老和尚正点着灯坐禅，就问道："年轻人，这么晚了还不睡觉，为何在此苦思苦吟啊？"宋之问答道："我想为宝刹题首诗，得了首联，却又兴思不来，苦吟不得下联佳句。"老和尚闻言道："请你试吟上联。"宋之问便吟诵了首联。老和尚听后，略微沉吟了一会儿便说："下一联何不写作'楼观沧海日，门对浙江潮'呢？"宋之问听后觉得这两句甚好，遒劲壮丽，颇有意境。得了佳句，诗气贯通，宋之问接着便把这首诗继续吟诵出来："桂子月中落，天香云外飘。扪萝登塔远，刳木取泉遥。霜薄花更发，冰轻叶未凋。夙龄尚遐异，搜对涤烦嚣。待入天台路，看余渡石桥。"整首诗中，老僧所赠的诗句，是全篇中最精彩之处。天明后，宋之问再去拜访那位老僧时，已经找不到人了。寺中有知道那老和尚底细的僧人说："那位老僧就是骆宾王。"人们相传他已乘舟渡海去了远方（《唐才子传》）。骆宾王就这样携着他的诗情，仙气飘飘地去了远方。

卢照邻，幼读诗书，博学能文，尤工诗歌骈文，以歌行体为佳。《长安古意》中的千古名句"得成比目何辞死？愿作鸳鸯不羡仙"，以其"堕落中有灵性"（闻一多《宫体诗的自赎》），打动着无数有情人的心。

《长安古意》被闻一多赞为"宫体诗中一个破天荒的大转变"（《宫体诗的自赎》）。写出这样多情诗句的卢照邻，也是一个多情的人。"初唐四杰"中，有过爱情故事的只有卢照邻。遗憾的是，这竟是一段惹人非议的感情纠葛。

故事是这样的：卢照邻在蜀中时与一郭姓女子相恋，发誓与她相伴终生、不离不弃。女子有孕在身之时，卢照邻因事要回洛阳去，临行时与女子相约，不久之后一定会回来正式成婚。女子依依不舍地和他道别，一心一意地等他归来，可谁知他一去不返，从此杳无音信。最后两人的孩子也夭折了。后来，那女子遇到了骆宾王，向他诉说了自己的不幸遭遇。骆宾王听后正义感爆棚，决定帮这痴心女子声讨负心的卢照邻，便写了一首《艳情代郭氏答卢照邻》，痛斥卢照邻朝三暮四、移情别恋。

　　其实，卢照邻并非存心辜负那郭姓女子。事情原来是这样的：他离开蜀地后，因《长安古意》中有两句描写了权贵阶层骄奢淫逸的生活及内部倾轧的情况，同时抒发了怀才不遇的寂寥之感和牢骚不平之气，也揭示了世事无常、荣华难久的生活哲理——"梁家画阁天中起，汉帝金茎云外直"。诗句中的梁家，指的是东汉外戚梁冀家。而当时武则天的侄儿武三思也恰巧被封为梁王，他又是外戚，所以他认为卢照邻是在影射他，卢照邻因而锒铛入狱。出狱后，他又不幸感染风疾，只好居住在长安附近的太白山上，服用一位方士配制的玄明膏治病。病中又逢父亲辞世，卢照邻悲恸号哭以致呕吐，服下的丹药也被吐了出来，病情就更加严重了。

　　"初唐四杰"皆是命运多舛的人，各有各的不幸，卢照邻最大的不幸是病痛。他是"四杰"中身体最不好的人。后来他的病越来越严重，双脚萎缩，一只手也残废了。虽然他买了几十亩地用来养老，无奈忍受不了疾病的痛苦，最后他与自己的家人诀别，投颍水自杀了。

卢照邻留下诗文二十卷、《幽忧子》三卷。在自我表白的《五悲文·悲昔游》中，有"忽忆扬州扬子津，遥思蜀道蜀桥人。鸳鸯渚兮罗绮月，茱萸湾兮杨柳春"之句。被病痛折磨的卢照邻在回忆过往时，仍"遥思蜀道蜀桥人"，不能相见却也未曾忘却。这饱含思念之情的句子，就算是对郭姓女子的道歉吧！

无论卢照邻富有灵性的《长安古意》，还是骆宾王带着豪侠之气的《艳情代郭氏答卢照邻》，都以自己独特的方式，冲破了宫体诗的桎梏。

杨炯幼年时就非常聪明，博学多才，文采出众，考中神童科。唐代科举特设童子举，十岁以下能通经者可应试，及第后予以出身并授以官职。这与现代专门培养神童的中国科技大学少年班有点相似。但神童杨炯进的不是少年班，而是弘文馆。

弘文馆，设馆主一人，总领馆务，学生数十

名，皆选皇族贵戚及高级京官子弟，师从学士学习经史书法。学士为长官，负责校正图书、教授生徒、参议朝廷制度及礼仪。这样看来，弘文馆比少年班门槛要高，应该专属于上层贵族官僚的学校。杨炯十一岁就待制弘文馆，与高干子弟们成了同学。不过杨炯同学"待制"得有些久，一直待制了十六年。

在弘文馆待制十六年后，杨炯于唐高宗上元三年（676）在京应制举，补秘书省校书郎。校书郎是"雠校典籍，刊正文章"（《新唐书·百官志二》）的没品、不入流的小官。年近三十，心怀经国理想的杨炯，不免对自己仕途的蹇滞不畅感到郁勃不平。

怀才不遇，郁郁不得志，使他与以高官上官仪为首的宫体诗派之间界线分明，诗作在内容和艺术风格上皆以突破"宫体"诗风为特色，冲破了上官体的浮靡之风，开拓出清新刚健的新诗风。《从军行》一诗笔力雄劲，感情豪放，是一篇摆脱宫体诗束缚的佳作。

三人中骆宾王比王勃年长三十余岁，与王勃的交集不多。相比之下，卢照邻和杨炯与王勃的交往则较为密切。杨炯与王勃生于同年，皆是有才华、有个性的青年才俊，都曾有"神童"美誉，也都不被为官的同事待见。

唐朝人称演戏时假装麒麟的驴子为"麒麟楦（xuàn）"，比喻徒有其表、毫无真才实学的人。据说这个词便是杨炯为讽刺同事而发明的专用词。

杨炯性情耿直，恃才倨傲，看不惯某些官员趾高气扬、矫揉造作，故讥讽一些伪善的朝官为"麒麟楦"："每见朝官，目为麒麟楦。"人家问他，怎么像麒麟楦呢？他回答说，就像戏里的麒麟，哪里是麒麟？只不过是一头驴子，刻画头角，修饰皮毛，看起来像麒麟；脱了马甲，还是一头驴子。他觉得这话不过瘾，又补了一句："那些没有德行学识的家伙，披着朱紫色的朝服，和驴身覆盖麒麟皮，又有什么区别呢？"他的这些言论被当朝者所记恨。

杨炯对同事刻薄，对自己的好友也是一样。提起杨炯，不免要想到他那大胆的自我评价："愧在卢前，耻居王后。"他与王勃、卢照邻、骆宾王以诗文辞章在海内齐名，被称为"四杰"，也叫做"四才子"。对海内所称"王杨卢骆"的排序，杨才子表示质疑，他说："排在卢照邻之前，我觉得惭愧；但是把王勃排在我前面，我是不服气的。"由此也不难看出，杨炯对自己的才气是极为自负的。杨炯说这句话，一方面是为了表示对卢照邻的尊重，原因是卢照邻的年纪比他大一些；另一方面，他也委婉地表达了自己能和王勃比肩的自诩。

这样的表达方式，让人怀疑他与王勃是否真的是朋友。事实上，两人的确是惺惺相惜的朋友。王勃的名作《山亭兴序》和《山亭思友人序》便是两人友情的明证。

一篇《山亭兴序》，记下了王勃与杨炯的深厚友情。山亭之上，长安的美妙景色尽收眼底，与友人同游的"天性任真，直言淳朴"的少年王勃，陶醉于美不胜收的景色。他抛却烦忧，高歌起舞。而陪他一起沉醉于自然风光的，正是在王勃眼中"日下无双，风流第一"的杨炯。

美好的时光总是格外短暂，志同道合的两人相聚不久便匆匆分离。当王勃再次登上山亭时，分外思念曾相伴高歌的好友杨炯，于是写下了《山亭思友人序》，以纪念两人间真挚的情谊。

后来王勃因文被逐，杨炯得知后前去看望，劝慰道："子安，此时失意，焉知不是塞翁失马呢？暂时离开长安这个是非之地，或许你另有机遇呢！"王勃离开长安后，漫游蜀地，写下不少传世之作，成就了不朽诗名，果真如杨炯所说的那般别有收获。王勃在虢（guó）州参军任上因杀官奴事发入狱，遇赦除名后回到家乡龙门。惦念好友的杨炯，曾和沈佺期一同前往龙门探望困境中的王勃。

在王勃短暂的一生中，每次仕途受挫之时，杨炯都会给予他温暖的慰藉。王勃溺水而亡后，杨炯深感痛心，特意为王勃所著的诗文集写了一篇序——《王子安集序》。文中介绍了王勃的家世及其生平，并赞扬了王勃在诗文革新上的丰功伟绩。"耻居王后"的杨炯，对王勃的才华不吝溢美之词："神机若助，日新其业。西南洪笔，咸出其词。每有一文，海内惊瞻。"世人眼中的才子王勃，在他的心中也是天纵之才。这篇序文不仅是追思之作、称颂之文，还是志同道合的两人共同反对"上官体"浮靡文风的斗争宣言。

从生平遭际上看，四人皆名扬天下，却命运多舛。唐朝名将、政治家裴行俭对四人命运的预测，简直堪比精通面相、善断吉凶的玄学家袁天罡。裴行俭善于识人，在吏部任职时，同事李敬玄非常欣赏王勃、杨炯、卢照邻、骆宾王的才学，将四人推荐给裴行俭。裴行俭却不以为然地说："做官的人要实现远大的志向、获得官位前途，就要把度量见识放在首位，把文学技艺放在其次。像王勃等人虽然富有文才，但轻浮急躁，爱卖弄夸耀，哪里是享有爵位俸禄的人呢？只有杨炯还算谨慎稳重，可以当到县令，其余的人都不会善终。"（《新唐书·裴行俭传》）果然裴行俭不幸而言中：王勃溺水而死；骆宾王死于徐敬业叛乱；卢照邻身患恶疾，投水而逝；而杨炯则属善终，卒于盈川令任上。

但在中国文学史上，"初唐四杰"的光芒谁又能忽略呢？唐代大诗人杜甫对"初唐四杰"的历史贡献给予了极高的评价："王杨卢骆当时体，轻薄为文哂未休。尔曹身与名俱灭，不废江河万古

流。"（《戏为六绝句》）

以文学成就言，"初唐四杰"的声名的确是"不废江河万古流"。唐代初期的文坛上，以王勃为首的"初唐四杰"在新旧诗风过渡的历史时期，主动承担起诗歌变革的使命，皆是有经世之志的人物。从王勃的《咏风》诗中便可看出他的"青云之志"。世代书香的熏染和父亲的教导，使他从小就关心国家政事，心存为国效力之志。

麟德元年（664），王勃十五岁时，迎来了入仕报效国家的机会。

七月的一天，家里来了几位父亲的朋友。

王勃和父亲一起迎接客人，脸上带着笑意。他喜欢听父亲和他的朋友们海阔天空地聊天。父亲是个博学多才而有趣的人，又非常喜欢和别人夸赞自己的儿子，那一脸自豪与得意的样子，有时让人忍俊不禁。他的好友韩思彦因此戏称他有"誉儿癖"，父亲既不恼也不辩解，只是让小王勃拿出自己写的文章给朋友看。韩思彦看后也不由得说："生了这样有才气的儿子，是要夸一夸啊！"父亲依然是露出"那是当然"的自得神情。

除了这样的"闲聊",父亲和朋友们聊得更多的是时事。王勃喜欢听"大人们"的聊天,这些言谈不是有意思的、让人开心的故事,只是日常的人情世态,甚至是沉重的人间疾苦。

这天,闲聊过后,大家又不由得讨论起了国家大事。

初唐时期,一代圣君唐太宗李世民击败强敌东突厥,成就"贞观之治";唐高宗击败西突厥、高丽等强敌,成就了"永徽之治"。唐朝社会虽日渐发展繁荣,但劳民伤财的对外战争一直在继续。众人对连年战争造成百姓生活艰苦的局面感到忧虑,大家各抒己见地说了一番政见后,有人叹息:"唉,就算有办法,又怎么能让皇上知道呢?"

这时,有人高声说道:"诸位可听闻当朝宰相刘祥道大人要到此地巡行吗?我们何不趁此机会上书宰相大人,请他转告我等的心意,希望朝廷能休养生息、爱护百姓!"

在旁边听各位长辈谈话的王勃,得知宰相将要来巡视的消息,心里也激动起来:"上书直言,这样的机会实属难得，一定得好好把握，将自己对时局的看法阐述一番。即便自己人微言轻，但总要努力一试，如同此前提出诗风改革之事一样，这才是读书人的风骨！"

于是，他潜心写下了著名的《上刘右相书》。一个月后，当宰相刘祥道巡视此地时，王勃请父亲将自己早已写好的上书呈给了宰相。

《上刘右相书》体现了王勃对国家民生的思考，对当时流弊提出了自己的建议：抨击了朝廷的穷兵黩武政策，反对讨伐高丽；主张严明法制，整顿吏治；提出重农固本，抑制商业投机，统一铸造货币；批评考选制度的弊端，呼吁改革，精选人才等等。上书虽为自荐，却跳出了哀告请托、自我吹嘘的俗套。文章思想严谨、气势恢宏，驳斥时弊、力陈己见，开合有度、层次分明。

刘祥道读后惊异非常，大加赞叹，称王勃为"神童"，并向皇帝举荐他。"神童"王勃从此名扬四海，享誉天下。他也藉由刘祥道的表荐，开启了仕途之路。

初入仕途

    王勃因上书条陈国家大事，受到了刘右相的赏识和举荐。吏部要王勃呈送方策，他便两次上书给吏部侍郎皇甫公义，表达了自己的鸿鹄之志。

    唐高宗乾封元年（666），开幽素科。在刘祥道和皇甫公义的推荐下，王勃应幽素科举，入选为这年制举幽素科十二人之一。

    幽素，是唐代科举考试科目名。科举制度，是继先秦世卿世禄制、秦汉察举制、魏晋南北朝九品中正制之后的一种新的选官制度。它始创于隋，发展于唐，完善于宋，成熟于明，极致于清，废止于清末。

    唐代科举考试的科目分为常科和制科两类，每年按期举行的称常科，由皇帝下诏临时举行的考试称制科。制举是临时设置的考试科目，用来网罗特殊人才，考选时间、科目和录取员数都无常格，完全由皇帝的诏令决定，由皇帝亲自策试（唐宪宗以后多由宰相监视制举人于尚书省），又称"制科"或"特科"。幽素科即为当时科举考试的制科之一。

在唐代科举制度中，考官选拔人才，不仅仅依据考生考试时的试卷，还会根据考生诗词歌赋的创作水平、社会声望和才德评价，制成名曰"通榜"的名单，供录取时参考。因此为了能上通榜，考生应试前就需要多方行卷，也就是将自己的诗文佳作投献给有名望的公卿贤达以及与主考官关系密切者，以求得到赏识并向主考官推荐。

在这样"天时、地利、人和"的背景下，王勃登第后，被授予朝散郎之职。朝散郎为文官第二十阶、从七品上的文散官。虽然我们常说"七品芝麻官"，但其实"七品"已是品秩颇高了。在唐朝，一般进士及第者只能被授予八、九品的低级官职，此后需要通过逐年考核才能慢慢升迁。

王勃的起点能这么高，除了他"神童"的不凡资质外，与他上书献颂、深得贵人赏识有关。此后不久，在贵人皇甫公义的引荐下，王勃进入沛王府，担任侍读兼修撰一职，颇受沛王赏识。

沛王李贤，唐高宗李治的第六子，女皇武则天次子。太子李弘猝死后，李贤被册立为皇太子，即后来的章怀太子，相传写下那首著名的《黄台瓜辞》的太子。

《黄台瓜辞》是一首五言古诗："种瓜黄台下，瓜熟子离离。一摘使瓜好，再摘令瓜稀。三摘犹自可，摘绝抱蔓归。"这首咏物托意的讽喻诗，语言朴素，寓意明了，以种瓜摘瓜作比况，用摘瓜喻骨肉相残，希望武则天不要因为政治斗争残害骨肉。言辞凄婉，伤心刺骨。

如果说这首令人恻然动心的《黄台瓜辞》是传说中的故事，那为史上留名的"章怀注"可是确有实事的。李贤曾召集文官注释《后汉书》，史称"章怀注"，是研究《后汉书》的重要史料，具有很高的文史价值。

李贤容貌俊秀，举止端庄，才思敏捷，深得父皇李治喜爱。《旧唐书·高宗中宗诸子列传·章怀太子贤传》记载，唐高宗曾对司空李勣说："这个孩子已经读了《尚书》《礼记》《论语》，背诵古诗赋十多篇，一看就能领会，看后也不忘记。我曾叫他读《论语》，他读到'贤贤易色'，就再三诵读。我问他为什么反复读此句，他回答说自己内心特别喜欢这句话。我才知道这孩子的聪敏是出自天性啊。"身为皇帝，如此向自己的臣子显摆儿子，可见唐高宗对李贤是非常喜爱的。

面对母后的忌惮、父皇的垂爱，复杂王室斗争中的沛王，从来不是简简单单的王爷。沛王李贤的特殊身份，为王勃日后获罪埋下了伏笔。

因文被逐

唐高宗乾封元年（666），长安，沛王府。

王勃坐在书案前，放下手中的笔，又写完了一篇文章。自从到沛王府任职以来，他已经创作了不少文章。他与十三岁的沛王意气相投，相得甚欢，两人一起读书写字、赏游美景，也一起谈古论今、抒发理想。《平台秘略》便是王勃创作的一篇阐释自己政治见解和价值观念的文章。此文以儒家礼法为纲，旁征博引，分孝行、贞修、文艺、忠武、善政、尊师、褒客、幼俊、规讽、慎终十论，提出"文章，经国之大业"的主张。沛王读后大加赞赏，特赐予他五十匹宫廷丝绸作为奖励。

比起奖励，王勃更在意的是沛王的器重，更

关心的是经国大业。《临高台》一诗在极写帝都繁华、贵族生活的奢靡之后，以一句"君看旧日高台处，柏梁铜雀生黄尘"，带出历史兴衰、人世沧桑之感。沛王读到此句后，沉默许久，深感珍惜韶光、建功立业的重要。

在沛王府的这段日子，王勃还创作了《九成宫颂》《拜南郊颂》《七夕赋》《山亭兴序》《九成宫东台山池赋》等文，皆显现出非凡的才华。未冠而仕的王勃，以为凭借自己的雄笔奇才，定会得到皇帝的提拔，实现凌云壮志。然而，让他始料未及的是，这成就了自己的文学才华，有一日竟成了自己被贬斥的因由。

一篇引起皇帝注意的游戏之文，为王勃招来了祸患。这篇令王勃人生逆转的文章，便是《檄英王鸡》。

具有讽刺意味的是王勃的人生悲剧，竟然与唐朝的时尚运动"斗鸡"密切相关。

斗鸡，又称打鸡、咬鸡，是一种以经过训练的鸡与鸡相搏斗的娱乐活动。斗鸡游戏历史悠久，春秋战国时期即很流行，汉魏袭之，唐代尤盛。

在唐代，不论是宫廷贵族还是富户贫门，都以斗鸡为乐。就连高高在上的皇帝也与民同乐，甚喜此道。比如唐玄宗这位唐朝极盛时期的皇帝，不仅是《长恨歌》中爱美人的痴情君王，还是唐朝在位时间最长的帝王，同时也是唐朝最喜欢斗鸡的皇帝。唐玄宗时期斗鸡成风，民间竟有童谣传唱说"生儿不用识文字，斗鸡走马胜读书"（《神鸡童谣》）。

斗鸡影响到了官员的仕途，也改变着普通人的命运。如姜皎，就因喜爱斗鸡成为玄宗宠臣；贾昌，一介平民因善于驯鸡而得到荣华富贵。这项具有全民参与性的斗鸡活动，自然早已进入文人视野。如三国曹植有《斗鸡篇》、刘桢有《斗鸡诗》，晋代傅玄有《斗鸡赋》，南朝庾信有《斗鸡诗》等。唐代斗鸡题材的文学更是得到了长足发展，斗鸡活动在诗、赋、民谣、寓言中均有体现。如王勃的《檄英王鸡》、杜甫的《斗鸡》、白居易的《鸡距笔赋》、李翱的《截冠雄鸡志》、陈鸿的《东城父老传》等。

正在给沛王当侍读的王勃，不知道未来会有人因为斗鸡飞黄腾达，更没想到自己会因为斗鸡而遭遇人生低谷。王勃顺风顺水的仕途之路，竟被一篇《檄英王鸡》给终结了。

风和日丽的一天，沛王兴致勃勃地和众王公子弟在花园里斗鸡取乐。两只雄赳赳气昂昂的公鸡在擂台两侧蓄势待发。一切准备就绪，随着一声高喝"放鸡"，被放开的两只公鸡杀气腾腾地向对方扑去。顿时锣鼓震天，人声鼎沸。台上，羽毛纷飞，胜负难分；台下，目不转睛，互不相让。王公贵族们为各自看好的斗鸡加油助威、摇旗呐喊时，王勃只是一言不发地安静看着。他虽陪伴在沛王身边，但对斗鸡并不感兴趣。喊得正欢畅、玩得正开心的沛王，瞥见身旁一脸无动于衷的王勃，心想："这王勃好生无趣！"便想为难他一下，对王勃说："子安，你一向文采出众，今日这斗鸡又如此精彩，你就以斗鸡为题写一篇文章吧！"王勃闻言，心中暗自苦笑："这如市井嬉闹般的娱乐有何可写？"不过，他还是起身提笔行文，不多时就按沛王的意思写了一篇向英王李显的斗鸡邀战的骈文《檄英王鸡》。此文对仗工整，擅用典故，将游戏之文写得笔底生花，充分体现了作者的博学多才。

不承想这篇在文人墨客眼中的好文章，在唐高宗眼里却成了别有用心的挑拨离间之文。唐高宗李治看后怒道："这王勃就是歪才、歪才啊！何谓'两雄不堪并立'？何意啊？二王斗鸡，他身为侍读，不加劝谏，反作檄文，夸大事态，是交构之渐！"天子之怒，非同寻常。唐高宗当天便下诏罢免了王勃的官职，把他斥出沛王府。

唐高宗总章二年（669），王勃因文被逐，他出将入相的理想，跌碎在被罢黜的现实中。

唐朝建国以来，诸王之间争夺皇位、互相攻讦的斗争，就从来没有停止过。唐太宗李世民在"玄武门之变"中杀死长兄皇太子李建成和四弟齐王李元吉，逼迫父皇立自己为太子，由此继承皇位。唐高宗李治本人也经历了类似事件。

李治是唐太宗李世民第九子、嫡三子，与唐太宗嫡长子太子李承乾、嫡次子魏王李泰为同母兄弟。太子李承乾荒悖无德、魏王李泰结党营私，相继被废。贞观十七年（643），天性仁孝的李治被册立为皇太子。

花团锦簇背后的互相构陷，鲜血淋漓的争权夺位，便是唐高宗经历过的人生，因此唐高宗的眼睛能看到诸侯王之间微妙的关系，他当机立断地将王勃从沛王身边驱逐。年轻的王勃纵使才高八斗，有"致君尧舜"之志，却也只是以自己的笔，言说自己眼里的世界。受命而为、逞才使性的王勃，还没来得及学会换个角度看世界，就为自己未能"慎言"的行为付出了代价。从春风得意到失意江湖，有时就隔着一篇戏文的距离。

因文被逐事件对王勃影响非常大，被逐前后的王勃判若两人。相比被逐之后的凄凉悲苦、忧郁彷徨，被逐之前的王勃乐观向上、意气风发。即便是送别好友的诗作，依依惜别中仍不乏昂扬之气。

长安城外灞（bà）亭之中，意气风发的少年和一位神情忧郁的男子。

少年自然是王勃，那男子便是因王勃一首诗而闻名天下却姓名不详的"杜少府"。少府是唐代对

长安城外灞亭之中，意气风发的少年和一位神情忧郁的男子。
少年自然是王勃，那男子便是因王勃一首诗而闻名天下却姓名
不详的"杜少府"。

县尉的称呼。王勃的杜姓朋友，将要出任蜀川少府之职，所以称之为"杜少府"。

杜少府年长于王勃，王勃一直称他为杜兄。两人相识于繁华锦绣的长安。不同于王勃初入仕途寓居于此，杜少府自幼便生长在京城。两人初识便相谈甚欢，杜少府对王勃的才华十分欣赏，王勃也喜欢杜少府那一身磊落之气，两个人很快就成了一起愉快玩耍的"小伙伴"。杜少府力尽地主之谊，常常与王勃一同出游，两人渐渐成为无话不谈的好友。然而，因为朝廷下达的任命，两人一起把酒言欢、畅谈理想的悠游时光，不得不画上休止符。

阴云密布的天空一如杜少府此时的心境。被朝廷任命为县尉本是件值得高兴的事，但要去的却是那远在千里的蜀川，这对于生长在京城又很少远行的杜少府来说，便成了千里之外的"无声黑白"。那里没有自己已经习以为常的十里繁华，没有自己熟悉的亲戚家人，更不会有与自己把酒言欢的知己王勃，有的或许只是巴山蜀水间清冷的寂寞。仿佛熠熠生辉的日子都被涤荡去了光彩，未来只是寂静无声的黑白画面。

思及此，他的眉头又紧蹙几分，放下手中的酒杯，长叹一声："子安，为兄在长安生活了二十多年，对这里的一切都十分熟悉，我的亲朋好友也都在这里，如今却要为做一个小小的县尉背井离乡、远赴蜀地，心中实在不甘也不舍啊！此一去山高水远、千里迢迢，不知何时才能与你再相见了！"

王勃抬手将杯中之酒饮尽，放下酒杯，对杜少府说："杜兄，不必如此悲观！人在仕途，身不由己。我不也是一直离乡背井、漂泊在外吗？我十多岁时就辞别家人、离开家乡来到长安，还曾辗转千里南游吴越。虽说故土难离、乡思难断，但这一路走来却也饱览了名山大川，结交了良师益友。这些宝贵的经历体验，这些珍贵的至交好友，不都是我们人生的乐趣和收获吗？杜兄此去，虽然我们不能再朝夕相处，一起切磋学问、畅谈人生，但我们还是彼此了解的知心好友，这又岂是巴山蜀水所能阻断的呢？杜兄与子安，正当华年，总要为我们的理想拼搏努力一番，也不辜负了你我这番友情啊！杜兄，天涯海角虽远，我们相知相惜的心却不会远离，我们总会有重逢之日的！"

那时还未发生因文被逐之事，王勃还是意气风发、欲成就一番事业的少年。他这番充满昂然斗志的话，令杜少府眉头舒展开来。他斟满酒杯，举杯道："子安说的是！男子汉大丈夫理应志在四方！"两人将杯中酒一饮而尽。王勃充满豪情地当场吟出一首《送杜少府之任蜀川》为好友送别：

> 城阙辅三秦，风烟望五津。
>
> 与君离别意，同是宦游人。
>
> 海内存知己，天涯若比邻。
>
> 无为在歧路，儿女共沾巾。

此诗意在劝慰、鼓励好友以乐观开朗的态度面对别离和人生。首联写景，用严整的对仗句交代出送别地和赴任地的形势和风貌，隐含送别的情意；颔联为宽慰之辞，突出诗人自己与杜少府的共同点，也点明了离别的必然性；颈联是全诗的核心，气势磅礴，昂扬向上，既概括出友谊的真诚与持久，又豪迈地鼓励友人要以乐观的态度面对离别，展现出诗人的宽广胸襟；尾联点出"送"的主题，以劝勉朋友作结，壮其行色，鼓其勇气。全诗开合顿挫，意境旷达，音调爽朗，一洗历来送别诗的悲凉压抑之感，改凄怆为豪放，变离愁为共勉，以朴实、洗练的语言，展现出诗人高远的志趣和旷达的胸怀。此时的王勃表现出的是昂扬乐观、积极入世的精神面貌。

王勃的好友中，不止一位少府，除了杜少府，还有一位唐少府。

在任沛王府侍读期间，王勃曾短游吴越之地。他在吴越时间虽不长，却结交甚广，在白下（今江苏南京附近）认识了唐少府。两人相识不久，却结下了深厚的友谊。可惜王勃只是趁空外出，不能多作停留。唐少府在临近水岸的酒楼为王勃饯行，依依不舍地说："有幸与子安相识，深为子安的才学所折服，多想再和子安切磋切磋诗文，怎奈子安来去如此匆匆！如果能与子安早些相逢该多好啊！此一别不知何日才能相聚？愿子安日后仕途畅达、实现你的宏图大志！"

王勃也很是感慨，举杯道："子安与唐兄相识未久，却如故人。今日之别，子安亦是甚为不舍。子安赋诗一首，以谢兄之厚爱。"这就是《白下驿饯唐少府》诗：

> 下驿穷交日，昌亭旅食年。
>
> 相知何用早？怀抱即依然。
>
> 浦楼低晚照，乡路隔风烟。
>
> 去去如何道，长安在日边。

诗前四句叙述了两人的友情，表达了对这份友谊的珍惜之情。穷交，指患难之交。昌亭，即南昌亭。韩信是布衣百姓时，家中贫困，又没有好品行，不能够被推选去做官，更无经商谋生之道，常常依靠别人的接济糊口度日。他曾经多次去淮阴县下乡南昌亭亭长家蹭饭，时间长了，亭长妻子很是不满，就提前做好早饭，端到内室床上去吃。开饭的时候，韩信去了，却不给他准备饭食。韩信也就明白了他们的用意，一怒之下，离去不再回来。以韩信"昌亭旅食"的典故，来言说自己与唐少府之间的深厚友情，表示如果两个人心意相通了，不需要在乎认识的早或晚。

后四句寄情于景，抒发离愁别绪。"长安在日边"化用《世说新语·夙惠》中晋明帝"不见长安"之典。晋明帝几岁的时候，一次坐在元帝膝上玩。当时有人从长安来，元帝问起洛阳的情况，不觉伤心流泪。明帝便问父亲为什么流泪，元帝就把渡江到江东的意图一五一十地告诉了他，然后问明帝："你看长安和太阳相比，哪个远？"明帝回答说："太阳远。没听说过有人是从太阳那边来的。"他的回答让元帝感到惊奇。第二天，元帝召集群臣宴饮时，把明帝的话讲给大家听，并且又重问了他一遍。不料明帝这次却回答说："太阳近。"元帝惊愕失色，问他："你为什么和昨天说的不一样呢？"明帝回答说："现在抬起头就能看见太阳，可是看不见长安。"元帝听了更加感伤了，自己幼年的美好时光都是在长安度过，如今无论如何也回不去了。"举目见日，不见长安"，也成了后世最凄凉的乡愁。

辞别了唐少府，王勃继续他的吴越之行。在越州（今浙江绍兴），他结交了好友萧三。两人度过了一段快乐的同游时光后，萧三将赴齐州，王勃写下了《越州永兴李明府宅送萧三还齐州序》作为赠别。文中记述了两人同游的美好时光，抒发了依依惜别之情。

在王勃未遭贬谪之前，这些与知交好友分别时的"临别赠言"，都写得开阔豪放，洋溢着乐观向上的进取精神。

入蜀游历

　　总章二年（669），仕途无望的王勃辞别长安，前往巴蜀之地，开始了西行漫游。

　　地处西南的巴蜀地区，自古以来就是一个有着独特的自然景观、地域文化，并相对独立的经济文化区域。入唐以后，唐高祖、唐太宗相继派遣窦轨、皇甫无逸、高士廉等重臣治理蜀地，政绩显著，颇有成效。入蜀交通线路的持续开发与完善，也改变着"蜀道难"的状况，文人入蜀渐成规模。

　　这些文人墨客中，有为巴山蜀水所吸引的漫游文士，也有为官而游、游中求宦的宦游之人。他们将巴蜀自然景物的美好、身在旅途的感怀诉诸笔端，创作了数量可观的入蜀题材文学作品，丰富了唐代文学的题材范围。文士入蜀成为一种独特的历史文化现象，以至于有"自古诗人皆入蜀""天下文人皆入蜀"的说法。

被贬之后，处于人生低谷的王勃选择了"诗和远方"，开始了蜀地漫游。"人生不止眼前的苟且，还有诗和远方"，这言辞在岁月静好时分说来会觉得小清新、小浪漫，然而，人生一旦真的失去了"眼前的苟且"，"诗和远方"由梦想变为现实时，人在旅途、心怀故乡的漂泊之感便油然而生。

王勃从长安出发，不久来到了长安西边的始平（今陕西兴平县）。在这里，他写下了《始平晚息》诗："观阙长安近，江山蜀路赊。客行朝复夕，无处是乡家。"阙，古代帝王宫门前的楼台，有单楼台、双楼台之别，此处指宫殿。在身为旅人的王勃心里，此时此刻，离京城长安还是那么近，而跋山涉水的蜀路还是那么遥远。旅程赶了一天又一天，没有一个地方是自己的家乡。这首诗抒发了作者人在旅途、漂泊他乡的伤感与失意。"客行朝复夕，无处是乡家"，诠释出王勃当下复杂的心境。失去了沛王府中"眼前的苟且"，人生失去了目标与方向，日复一日的漂泊、难酬的满怀壮志，化作"无处是乡家"的一声悲叹。这种游子之思是他这一时期诗作的主旋律，如《扶风昼届离京浸远》《羁游饯别》《普安建阴题壁》等诗篇，都表达了游子的思乡之情。

漂泊之旅中能抚慰王勃的，正是那些来自朋友的温暖。王勃在长柳就意外地收获了一份暖意。

六月的一天，王勃走在乡间小道上，一边走，一边欣赏沿途风景。小路并不好走，刚下过雨的路上更多了几分湿滑。但最好的景色往往就在曲径通幽之处。小路上，青翠欲滴的满眼绿意，雨后清新的空气，让人觉得神清气爽。

王勃索性找了一处地方休息，拿出随身携带的干粮就着空气中草木的清香吃了起来。一个人穷游的王勃，轻装简行，饿了便吃携带的干粮，渴了便喝山间的清泉。放弃了口腹之欲，却丰盈了内心。静谧之时，心灵仿佛能与自然沟通。风有语言，云有样貌，山水之间自有真性情。王勃喜欢这样的时刻，看自然造化中不事雕琢的风物，自身悲喜皆可

王勃索性找了一处地方休息，拿出随身携带的干粮就着空气中草木的清香吃了起来。一个人穷游的王勃，轻装简行，饿了便吃携带的干粮，渴了便喝山间的清泉。放弃了口腹之欲，却丰盈了内心。静谧之时，心灵仿佛能与自然的沟通。风有语言，云有样貌，山水之间自有真性情。王勃喜欢这样的时刻，看自然造化中不事雕琢的风物，自身悲喜皆可轻轻放下。

轻轻放下。歇息过后，王勃起身继续前行。

　　此时天色渐渐暗下来。不远处有个小村庄，王勃决定在此地借宿一夜，便向村庄走去。王勃走近村庄时，恰好遇到结束一天劳动归家的村民们。

　　大家看到王勃有些惊讶。这个年轻人一看就是个读书人，怎么会出现在穷乡僻壤呢？走在最前面的男子开口询问："先生是何人？为何会在这里呢？"王勃作揖答道："诸位乡亲，我是王勃，从长安来此游历。眼见天色已晚，想在此借宿一夜，不知可否？"

　　村民们听了，窃窃私语起来。这时刚才问话的那个男子说："既然如此，先生如果不嫌弃，就去我家休息吧。我是这里的村民，名叫欧阳靖。一路至此，想来先生已经很疲乏了吧，就请随我来吧。"

　　王勃见这男子举止与众不同，说话彬彬有礼，心生好感。

　　在欧阳靖家中，王勃受到了热情款待。人在异乡，孤苦无依，有人这样诚心相待，让一路风餐露宿的王勃觉得格外温暖。推杯换盏间，两人聊起了各自的经历。

原来，欧阳靖曾经是一位县令，遭奸人构陷被革职，仕途失意后，才来这小山村生活的。王勃也是因为一篇檄文无辜被逐，两人竟同是天涯沦落人。惺惺相惜的两人举杯畅饮。人生失意无南北，相逢何必曾相识，两人喝得酩酊大醉。

第二天，王勃准备启程，欧阳靖再三挽留。王勃被这位萍水相逢的朋友感动了，提笔留下一首《长柳》诗作为赠别：

晨征犯烟磴，夕憩在云关。

晚风清近壑，新月照澄湾。

郊童樵唱返，津叟钓歌还。

客行无与晤，赖此释愁颜。

无论景物描写还是人物描写，都透露出诗人的留恋之意，表达了对新交朋友的不舍之情和感激之心。看似平常，实则一往情深。告别了淳朴的乡亲们，挥别了真诚的新朋友，王勃再次开始了自己的旅行。

七月，王勃抵达了绵州（今四川绵阳）。这个时节蜀地湿热，一路行来，王勃已经疲惫不堪了。他终于走到了驿馆门口。

驿馆，类似现在的招待所或者宾馆，主要供传递公文以及接待来往的官员。传递信息的人可以在这里稍作休息，喝口茶，换换马。接待来往的大小官员，也是驿馆的功能之一。

驿馆作为官方招待所，各种设施的使用也是有等级制度的。王勃此时已是被罢黜之人，便只是问："我是来自长安的王勃，已经赶了许久的路，能不能让我在此稍作休息、喝点水？"没想到那人居然很热情地答道："原来是王大人到了！薛大人已经恭候您多时了！"王勃心中暗喜："原来薛华在此！"

薛华，即薛曜（yào），是中书令薛元超的长子，其祖父为薛收，而薛收则是王勃祖父王通的弟子，所以薛、王两家属于世交。薛华以诗文知名当世，是王勃最亲密的朋友。

于是，王勃随那人来到薛华家中。薛华为王勃接风洗尘，席间，久别重逢的故友自是喜不自禁，觥筹交错。酒过三巡，薛华对王勃说："子安，我已听闻你的遭遇，心中十分担心。今天见到你这般洒脱，总算能放心了。不过，子安你日后有何打算呢？"

王勃轻叹一声答道："事情发生得出乎意料，现在我也没有什么具体打算，只是想趁此机会出来走走，游览一下名山大川，就算散散心吧。"薛华说："好！子安，那我们就一同去看看这里的山水吧！"

接下来的几天里，两人一起游览了当地的名山胜水，一起赴宴，共叙情怀。

相聚的欢乐时光总是分外短暂，转眼，又到了该分别的时刻。王勃将要离开绵州，继续前行了。薛华为王勃举行了一个盛大的欢送宴会，当地的乡绅名流、文人骚客纷纷前来，大家簇拥着王勃，享受着美好的相聚时光。在众人的要求下，王勃挥毫写下了《秋夜于绵州群官席别薛升华序》。当晚大家开怀畅饮，好不痛快！王勃和薛华更是格外珍惜共聚的时光，两人畅谈至天色微亮，王勃又写了一首《别薛华》诗，送给即将分别的好友薛华：

送送多穷路，遑遑独问津。

悲凉千里道，凄断百年身。

心事同漂泊，生涯共苦辛。

无论去与住，俱是梦中人。

诗通过送别友人，抒发了诗人的身世之感。首联切题，点出送别之意。即便送了一程又一程，前面总还有那么多荒寂艰难的路。当友人踽（jǔ）踽独行、沿途问路时，心情该是多么的惶惶不安。这既是对友人旅途艰难的描写，也是诗人自身处境的真实写照，语意双关。颔联和颈联是对仗句，揭示了友人可能会在出行之路和人生之路中遭遇坎坷，也表达了诗人在人生遭际中所感受到的切肤之痛。两联对仗妥帖工稳，近体诗到"初唐四杰"手中，已经日臻成熟。尾联断言会彼此入梦，不管是离开的人还是留下的人，都会在对方的梦中出现。体现了朋友之间相知相惜的深厚友情。

这首诗与《送杜少府之任蜀川》相比，虽同为送别诗，却风格迥异。此时的王勃因文被逐，前途未卜，已不是从前那个意气风发的少年，而是尚处于哀伤情绪中的天涯沦落人。虽风格不同，但此诗仍是送别诗中不可多得的佳作。明人胡应麟《诗薮（sǒu）》中评价此诗：唐初五言律，唯王勃"送送多穷路""城阙辅三秦"等，终篇不著景物，而兴象宛然，气骨苍然，实首启盛、中妙境。

别过挚友薛华，王勃继续旅行。在玄武县等地漫游时，他曾与朋友们结伴出游。其中有一位王长史，两人在一同登山临水、欣赏山川秀色的过程中结下了深厚友谊。后来王长史调离蜀地，王勃写下《秋日别王长史》赠别好友。

王勃盘桓蜀地期间，类似的赠别之作还有《别人四首》《重别薛华》等。王勃在成都时，意外与薛华重逢。他乡遇故知，两人欣喜之余，相约一起去武担山游赏。关于武担山，有一个凄婉的传说。相传，古蜀时，武都有一位美貌艳丽的女子，蜀王深爱之，将她纳为妃。但王妃因为不习水土，时刻想要离开王宫回自己的故乡武都去。蜀王不肯让爱妃离开自己，特意作《东平之歌》取悦王妃。王妃勉强留了下来，但不久却因为不习水土而香消玉殒。蜀王十分悲伤，想到爱妃生前念念不忘的故土，便派五名大力士去爱妃的故乡武都担土运到成都，用武都的土在蜀地为王妃营建了规模宏大的墓冢。墓冢占地数亩，高七丈。上有一石，厚五寸，径五尺，晶莹如镜，被称为"石镜"。后世把这座墓冢称为"武担山"，武担山也成了成都平原上的一座"名山"。这一典故常常出现在历代文人墨客的诗文中，王勃自然也不会辜负了这一景色，他写了一篇描绘此地独特山水气势的《晚秋游武担山寺序》。

游览武担山后不久，因薛华公务在身，两人又不得不分别了。王勃写下《重别薛华》诗：

> 明月沉珠浦，秋风濯锦川。
>
> 楼台临绝岸，洲渚亘长天。
>
> 旅泊成千里，栖遑共百年。
>
> 穷途唯有泪，还望独潸然。

首联交代出时间、地点，也暗含对自己明珠埋土遭遇的不满。第二联描写眼前景色，视线由近及远，极为开阔。第三联由景到情，面对滔滔江水，凄凉悲苦之情油然而生。最后一联写与好友离别时的无限哀伤。此诗先写景，后抒情，借景传情，景中有情。写景开阔辽远，抒情真实自然，情景融合，将彷徨凄苦和盘托出，平实而深切。清人范大士赞此诗"秀整泓净，足为盛唐开山"。

透过一首首情真意切的赠别诗，我们可以看到了一个变化着的王勃。因文被逐事件对王勃影响甚巨，被逐前后的王勃判若两人，乐观向上、意气风发的王勃渐渐远去，凄凉悲苦、忧郁彷徨的王勃慢慢出现。然而，不论是仕途得意时，还是自我放逐时，他都珍惜着他的朋友们，我们看到的始终是一个深情的王勃，对朋友情深义重、对诗和远方仍怀期待的王勃。

卢照邻，是王勃另一个志同道合的好友。当年，十四岁的王勃意气风发地提出反对"上官体"时，在场的卢照邻就将这个比自己年少十几岁的少年视为知己了。王勃与卢照邻的交往，主要集中在王勃漫游蜀地期间，并且多与酬唱相关。

咸亨元年（670），九月九日重阳节，王勃与卢照邻、邵大震同游梓州玄武山。玄武，也称玄冥，我国古代的四大神兽之一，是一种由龟和蛇组合而成的灵物。玄武山，顾名思义此山兼具龟、蛇之形。山有两个峰峦，左山蜿蜒似蛇，右山其形如龟，望似两山，实为一体。山下有东溪萦绕，山水相依，风景如画。

王勃、卢照邻、邵大震三人相约出游，一路走来，地上的草木已经枯黄，树上的叶子却还没有完全落尽，在秋风中沙沙作响。越向上走，寒意越浓，空气也更清冷几分。卢照邻身体不好，三人便走走停停，慢慢向山顶前进。

终于来到山顶。三人额头上已沁出汗水，便在亭中休息。环顾四周，山峦叠嶂，隐隐约约，云雾缥缈，犹如仙境。王勃立于亭中，感受着拂面的秋风，深吸一口清凉的空气，神清气爽，无比畅快。此情此景，怎能不即兴赋诗呢？

邵大震首先提笔，写下了《九日登玄武山旅眺》：

九月九日望遥空，秋水秋天生夕风。

寒雁一向南去远，游人几度菊花丛。

这是一首标准的秋游诗，登高远眺，应景赋诗。休息过后的卢照邻见邵大震吟诗，也诗兴大发，和云：

九月九日眺山川，归心归望积风烟。

他乡共酌金花酒，万里同悲鸿雁天。

卢照邻的这首和诗与邵大震的诗便是不同味道。九月九日重阳节，自古以来便有登高的习俗。在外游子登高远望之时，不免思念家乡，望乡思归之情油然而生。

王勃也是流落在外的异乡人，所和之诗与卢照邻之诗同有思乡之情，并直言不讳地表达出对羁游生活的厌倦之意：

九月九日望乡台，他席他乡送客杯。

人情已厌南中苦，鸿雁那从北地来？

王、卢两人之诗，各有各的妙处，难分高下。

咸亨二年（671），王勃来到成都，此时卢照邻也在成都。三月三日上巳节，两位诗人同赴曲水宴。

曲水宴，又称曲宴，始于秦朝，是我国古代宫廷赐宴的一种。其特别之处在于无事而宴。席上众人临流水而坐，饮酒，赏花，赋诗。东晋穆帝永和九年（353）三月三日，王羲之等文人雅士集于兰亭，设曲水宴，临流赋诗。诗成之后，众人推举王羲之撰序并书。王羲之微醺乘兴，即席挥毫，书成《兰亭集序》。千古名篇《兰亭序》记录的正是曲水宴的盛况："此地有崇山峻岭，茂林修竹，又有清流激湍，映带左右。引以为流觞曲水，列坐其次。虽无丝竹管弦之盛，一觞一咏，亦足以畅叙幽情。"（《晋书·王羲之传》）

觞（shāng），是古代酒器；曲水，指弯曲的水道。流觞曲水，是古代的风俗。每逢农历三月三上巳日，人们在水滨聚会宴饮，以祓除不祥。人们将酒杯放置在上游。酒杯是特制的，一般是质地很轻的漆器，这样杯子才会随水流动，酒杯漂流到谁面前，谁就取杯把酒喝下，这就是"流觞"，约等于高雅版的"击鼓传花"或"丢手绢"。只不过古人是"赋诗"，今人是表演节目或做游戏。

王勃和卢照邻参与的就是这种高雅的"流觞曲水"。他们投杯入水，任其顺流而下，止则取而饮之。卢照邻作《三月曲水宴得樽字》，描绘了宴会所处的环境，表达了对名山胜水的赞赏以及对主人诗友的赞誉之情。王勃和诗《三月曲水宴得烟字》，表达了寻仙访道、隐逸山野时的逍遥情韵。两人的酬唱之作，皆呈现出与"上官体"不同的风貌。

放逐之旅却使王勃的文学创作更上层楼，入蜀时期成为王勃文学创作的黄金期。历时三年的游历，王勃创作了大量诗文，在当时和后世都颇有影响。从现存的六首入蜀纪行诗可以看出，他的诗歌已从"宫廷"走向"江湖"，其诗歌风格真正从"绮错婉媚"转向了"风骨刚健"。

仕途失意后的入蜀游历，成了其创作风格转变的契机。所谓"国家不幸诗家幸，赋到沧桑句便工"（赵翼《题遗山诗》），因文被贬，遭遇坎坷，却成就了王勃的诗名。明人胡应麟说："唐初五言绝，子安诸作，已入妙境。"王勃入蜀后五绝的创作实践，为唐代五绝的兴盛奠定了基础。

重归仕途

王勃在《游山庙序》中说："吾之有生二十载矣，雅厌城阙，酷嗜江海。"巴蜀之行，实现了他逃离城市桎梏、漫游江海的心愿。虽说入蜀之旅是不得已情况下的"一场说走就走的旅行"，但毕竟不同于被动的宦游，而是带着向往之情主动的漫游。在漫游期间，并非没有朝中显要的征召，但王勃都以病辞谢了。

盘桓蜀地期间，王勃领略了山水之美，结交了众多好友，写下了不朽的诗文佳作。在这些兼具"高情壮思"与"雄笔奇才"的诗文中，始终蕴藉着济世之志。即便纵情山水之间，他依旧未放弃以道自任的人生理想。无论是寄情山水，还是赠别友人，诗中时时可见王勃对未来的憧憬、对功名的渴望。

《新唐书·文艺列传上·王勃传》载："勃既废，客剑南。尝登葛愦山旷望，慨然思诸葛亮之功，赋诗见情。"王勃入蜀后，曾先后游历过葛愦山、武担山等名山，写赋作诗之时，不免抒发感慨之情。在葛愦山上，他登高远眺，瞻望四方，思及三国诸葛亮的丰功伟绩，不免触动心弦，赋诗抒情。在《春思赋（并序）》中，他登高怀想前人壮举，感慨岁月流逝而功名未就，忧郁愤懑、磊落不平之气跃然纸上。深秋时节，秋风瑟瑟，黄叶纷纷，久滞蜀地的王勃越发渴望归乡。旅蜀后期的诗作《山中》寄兴高远，情景俱足，抒发了游子思归的悲苦心境："长江悲已滞，万里念将归。况属高风晚，山山黄叶飞。"

唐高宗咸亨三年（672），王勃的父亲王福畤任太常博士，居长安。王勃离开蜀地，回到了长安，准备为晋身仕途再做努力。

当年名扬天下的神童，如今已是文名煊赫的文士。此时，骆宾王由西北返京，卢照邻北归长安，杨炯本就在京，"初唐四杰"齐聚长安，成为一时美谈。齐聚长安主要是因为朝廷将于冬季举行科考。科考，便是王勃重归仕途的希望。

一次酒宴之上，王勃遇到了对自己有知遇之恩的右相刘祥道。刘祥道原本就欣赏王勃的才华，现在王勃的文名更高，他自然越加惜才，鼓励王勃参加科考，再创佳绩。王勃虽仕途坎坷、四处漂泊，却从未放弃过经世致用的理想。刘祥道的鼓励与赏识，让他更添几分信心与勇气，于是为求重用，他写了《上绛州上官司马书》《上明员外启》等文，表达了建功立业之胸怀。遗憾的是此举并没有收到预期的效果，相比当年上书右相刘祥道时的轰动效应，此番上书只是蜻蜓点水式的涟漪。

科考上，一帆风顺也已成了当年之事。这次考试的主考官，是吏部侍郎李敬玄和裴行俭。对文名甚高的王勃，两位主考官的态度截然不同。

在众多考生中，李敬玄尤其看重杨炯、卢照邻、骆宾王、王勃四人，认为他们日后一定会富贵显达。裴行俭却说："士人想走得长远，应以器量见识为先，而后才是文才。王勃虽有文才，却浮躁浅露，哪里有享受官爵俸禄之器量呢！杨炯性格沉静，应该能做到令长，其余的人能得到善终就是幸事了！"

相比于李敬玄对四人的盛赞和赏识，裴行俭的评价更为客观。四人后来的发展情况果然如裴行俭所说的那样。不过，王勃并没就此放弃，为了改变裴行俭对自己的印象，他特意写了《上吏部裴侍郎启》，表明自己并非只有文才，还有器识。文中陈说了用人选才问题，指出选拔人才不能偏重文学才能，更应注重政治才能。在陈述中，他批评了六朝以来的颓靡文风，倡议文风变革。裴行俭虽仍认为王勃难当大任，但也看到了王勃文才以外的另一面。

咸亨四年（673）秋冬，王勃从蜀地返回长安参加科选。父亲王福畤此时也离开了长安，由太常博士出为雍州司功参军。恰好，任虢（guó）州司法的朋友陆季友告诉王勃，虢州盛产药草。王勃曾拜名医曹元为师学习医理，对药草很感兴趣，便想要去虢州。在李敬玄的力荐之下，咸亨四年，王勃得以补授虢州参军一职。虢州，辖境相当于今河南西部。参军，即参谋军务。唐代的参军一般为七品或八品，也有低至从九品下的。虢州参军官职虽不大，却是王勃回归仕途的新开始。这是王勃第二次走上仕途。但谁能想到，等待他的却是第二次沉重打击。

再遭贬谪

恃才傲物的王勃，在虢州参军任上与同僚的关系搞得很僵。

人生仿佛一幅卷轴画，不游过时光的河流，便无法看到画卷上演绎的未来，无法获知彼时的悲喜。王勃如愿以偿地再入仕途。曾经的不幸与漂泊似乎已是旧梦一场，如今可以别过风雨，向着阳光正好处大步前行了！

虢州，便是那在阳光下散发着药草香气的地方。这里有令他流连的山水，有令他喜爱的药草，却也有令他想逃离的压抑。王勃以为可以在虢州重新开始，实现自己当年未能实现的理想和抱负。他满怀希望地来到了这个似乎空气中都飘着令他安心的药草香气的地方，如愿地看到他心目中的景致，也意外地发现同僚们脸上复杂的神色。

这样的神色，是王勃所不熟悉甚至无法理解的。在家时，他是父亲的骄傲，是亲朋眼中的"神童"；在沛王府中时，他是深受沛王赏识的侍读兼修撰。两人虽身份、地位不同，却同是胸怀大志、意气风发的少年；在蜀地漫游时，他结交朋友、诗酒酬唱，文名日显，受人称赞。一路走来，无论是亲朋好友还是天潢贵胄，无论得意还是失意，他的才能一直是被欣赏、被期许的。

虢州新领导、新同事脸上的神情，显然不是期许。是什么呢？二十四岁的王勃虽经历过挫折，但对明争暗斗、尔虞我诈的官场规则了解得并不透彻。擅长诗文的王勃，并不擅长为官。诗词歌赋能考高分的王勃，为官之道这门课程却需要重修。那一张张以羡慕嫉妒恨为底色画出的假面，让他困惑不解。周围的气氛像一味成分不明的药，令王勃感到莫名的压抑和不知所措。

虢州参军本是个清闲的官职，一心为国效力、大展宏图的王勃，失意之下索性流连于山水之间。

这一时期他写下很多游仙诗，流露出对仕途的厌倦和求仙访道的心志。何人知我？何以忘忧？如果说儒家思想使他富有积极入世的精神，那么道、释思想则使他形成了豁达超然的人生态度。

当人生理想再次跌碎在残酷的现实中时，王勃走上了"怀神仙"之路。既然不能实现经世致用的理想，那么就畅游天地、抛却世间烦忧、做个逍遥自在的"仙人"吧！在这种境遇中，王勃写下《忽梦游仙》一诗：

> 仆本江上客，牵迹在方内。
>
> 窹寐霄汉间，居然有灵对。
>
> 翕尔登霞首，依然蹑云背。
>
> 电策驱龙光，烟途俨鸾态。
>
> 乘月披金帔，连星解琼佩。
>
> 浮识俄易归，真游邈难再。
>
> 寥廓沉遐想，周遑奉遗诲。
>
> 流俗非我乡，何当释尘昧。

这是目前能见到的唐朝最早的游仙诗。诗以神奇瑰丽的想象，勾画出了一个缥缈的仙境。通过描写仙境中的诸般事物，表达出了对仙境的向往与喜爱。"流俗非我乡，何当释尘昧"，抒发了对世俗社会的厌倦，也流露出游仙出世之情。

重归仕途的王勃，远离了喧闹而暗藏风险的长安，却无法远离官场的是非。王勃以这种疏离"尘昧"的方式，消解着现实中不被理解、不被认同的痛苦。他是一颗闪亮的星，不会掩饰自己的光华，也从未想过要掩饰。虢州的同事们当然羡慕这颗自带光芒的星，却无法适应那能"闪瞎"人眼的光芒。他们不喜欢这个参照物，觉得这颗星太过明亮，以至于使自己身上本就微弱的光显得更加暗淡。更过分的是，这颗闪耀光芒的星，还总是按照自己的轨道运行，这不明摆着就是不听从领导指示、不配合同事的工作吗？王勃的这种疏离行为，在同僚们看来无疑等同于恃才自傲、任性妄为。如此没有组织纪律性、没有团队精神的王勃，自然是不招人待见的。鹤立鸡群，在鹤感到孤独的时候，小鸡们也不快乐，它们讨厌那只比自己好看、还比自己飞得高的奇怪的大鸟。

如果没有后来的事，王勃可能就这样当着他的虢州参军，在鸡群里徒自感伤地散淡度日了。咸亨五年（674），发生了一件改变王勃命运的事情。一个逃奴引发的血案，让王勃跌入人生谷底。

寂静萧索的冬夜，一个人不顾寒冷地在夜色中奔跑着。此时，王勃正在自己的寓所中伏案读书。静谧的时光里与书相伴，已是王勃习以为常的生活。王勃并不知道那个狂奔而来的不速之客，即将打破这宁静的生活。

不速之客名叫曹达，身份是官奴。唐代奴婢按照隶属关系，可分为官属奴婢和私属奴婢。官属奴婢的来源主要是没入官府的罪犯及缘坐（因牵连而获罪）的家属、战争俘虏、"身份奴婢"（即前朝奴婢的后代，未经正式放良，仍为奴婢）。奴婢的社会地位极其卑贱，没有人身自由，被当作生产工具、士兵、奴仆或者是供人玩狎（xiá）的玩物，可以随意买卖、馈赠。奴婢无论官私，在日常生活中都不能脱离官府或主人的管束与监督。如果擅自逃亡，则是犯罪行为，要受严厉的处罚。

　　寂静萧索的冬夜，一个人不顾寒冷地在夜色中奔跑着。此时，王勃正在自己的寓所中伏案读书。静谧的时光里与书相伴，已是王勃习以为常的生活。王勃并不知道那个狂奔而来的不速之客，即将打破这宁静的生活。

官奴曹达不知为何会在黑暗的夜里狂奔。不管怎样，这个官奴已有逃奴之嫌。曹达犯了何罪，《新唐书》和《旧唐书》都没有明示，《唐才子传》中称是"死罪"。这个犯了罪的官奴趁着夜黑风高逃到王勃这里来请求庇护，也不知王勃是被他恳切的言辞打动了，还是被他走投无路的可怜模样打动了，竟鬼使神差般地收留了曹达。什么叫"鬼使神差"呢？这个成语的意思是好像有鬼神指使一样，不自觉地做了原先没想到要做的事。就算王勃年轻、没有多少政治斗争的经验，也是经历过因文被逐的挫折啊？吃一堑，长一智。以"神童"美誉闻名天下的王勃，怎么会如此没有学习能力呢？《旧唐书·文苑列传上·王勃传》以"勃匿之"一语带过，没有解释为何"匿之"。

为了给王勃的这一行为找到合理性，后人做了一些猜想。如曹达是为了给母亲治病才犯罪的，这让从小就失去母亲的王勃心有戚戚焉，便动了恻隐之心；又如曹达是王勃的老师名医曹元的亲戚，王勃作为曹元的弟子，不能对其置之不理等等。这些说法我们姑且一听，总之不管怎么样，王勃的确是藏匿了官奴曹达。

匿藏逃奴已是不妥，更令人意想不到的是王勃在收留了曹达之后，又因为担心事情暴露受到牵连，竟把曹达杀掉了。既然都"匿之"了，为何还要"杀之"呢？这回史书上倒是有一句简单的解释"又惧事泄，乃杀达以塞口"（《旧唐书·文苑列传上·王勃传》）。

不过，这个解释还是无法让人理解王勃这匪夷所思的举动。所谓"匪夷所思"，是指言谈行动离奇古怪、超出常情，不是一般人根据常理所能想象的。王勃就这样突兀地来了个"变形记"，从聪慧孝顺的神童、文采出众的翩翩少年，变成了鲁莽冲动的杀人犯。以王勃的才学与见识，怎能做这样离奇古怪的事情？实在是匪夷所思，让人百思不得其解。后人对此做出的猜想，是王勃被同僚们设计构陷的，似乎也有些道理。不杀逃奴，一旦事情败露也还有转圜余地；杀掉逃奴，王勃势必获罪。放下诸般争议，据史书记载，王勃的确是杀掉了曹达。曹达的嘴闭上了，可政敌们的嘴都乐得闭不上了！王勃擅杀官奴的事情很快就被官府知道了，讨厌王勃的同僚们虽然无法理解他匪夷所思的行为，但平日里他们本来就不理解这只"鹤"的言行，也就见怪不怪地忽略去探究因由的步骤，幸灾乐祸地把王勃抓了起来。

王勃因杀官奴之事入狱后被判死罪，等候处决。王勃的父亲王福畤也受到牵连，由雍州司功参军被发配为交趾令。在王勃以为一生就将这样落幕时，幸运地遇上了大赦天下。

中国古代在皇帝登基、更换年号、立皇后、立太子时，常颁布赦令大赦天下，赦免犯人。

咸亨五年（674）八月十五日，唐高宗追尊六代、五代祖及妣（bǐ）为皇帝、皇后，增高祖、太宗及皇后谥号，自己称天皇，武后为天后，以避先帝、先后之称。改元上元，大赦天下。

王勃碰巧遇到大赦，被免去了死罪，只是除名。即免去一切职务，贬为平民。当年因为未能"慎言"，戏为檄文被逐；如今因为未能"慎行"，匿杀官奴被判死罪。虽遇赦改为除名，免去一死，却也断了仕途之路。

一字千金

　　滕王阁，位于今江西南昌市，与湖北武汉黄鹤楼、湖南岳阳楼并称为"江南三大名楼"。楼始建于唐永徽四年（653），因唐太宗李世民之弟、滕王李元婴始建而得名。滕王阁闻名天下，则是因王勃的千古名句"落霞与孤鹜齐飞，秋水共长天一色"。

　　王勃创作了很多写景记游的作品，在这些佳作中最著名的无疑是千古名篇《滕王阁序》，被认为是"六朝骈文之新变"，"唐朝骈文通俗化、格律化之先声"。此序又称《秋日登洪府滕王阁饯别序》《滕王阁诗序》，与《滕王阁》诗双璧同辉，成就了一段不朽传奇。

这一年，王勃省父途经洪都（今江西南昌），恰逢重九之日，洪都府都督阎伯屿在修葺一新的滕王阁中大宴宾客，一时间文人雅士云集。闲来无事的王勃便也随着文人墨客一同前往，入府拜见阎都督。

宴会开始，众人饮酒唱和，好不热闹。酒过三巡，阎都督让人拿出纸笔，请诸人为这次盛会作序。琼楼玉宇落成，自是可喜可贺，但阎都督真正的用意，是借此机会成就女婿吴子章的才名。

为能让女婿惊艳亮相，阎都督让吴子章提前做好了"功课"。吴子章虽文才不甚出众，却有个讨长辈喜欢的优点——听话。他按照岳父的指示，先是自己认认真真地写了一篇序文，又找饱学之士为自己的文章推敲打磨。经过再三润色修改，总算定稿。这还只是完成了演练的一半，接下来吴子章将文稿反复诵读，直至一字不差、声情并茂地背诵下来。这可真是煞费苦心啊！为了演好"才子"这一风流倜傥的角色，吴子章也是拼尽全力了。岳父大人对乖女婿的刻苦努力十分满意，喜滋滋地就等着宴会之上女婿的华丽变身了。

座上客皆是当地名流，心中自是明白阎都督此举的用意，所以都识趣地一一推辞。谁知当仆人拿着纸笔走到王勃面前时，王勃竟不推辞，接过了纸笔。众人皆惊诧地看着这个不识趣的年轻人，旋即露出各种神色——有人露出担忧之色，有人露出看笑话的表情。正准备登台表演、接受掌声与鲜花的吴子章愣在了当场，他的岳父大人阎都督更是面沉似水。阎都督强忍怒意，拂袖而去，并吩咐下人随时向他汇报现场王勃的动向。

王勃似乎全然未看到众人怪异的表现，只见他笔走龙蛇、行云流水地书写着胸中的锦绣。大家纷纷围拢过来，都想看看这个不给阎都督面子的年轻人会写出什么样的文章。那个被阎都督打发来的"眼线"自然也凑了过来，但见王勃落笔写下"豫章故郡，洪都新府"。仆人报告给阎都督，都督冷哼一声说："不过是老生常谈。"

阎都督此时正在气头上。辛辛苦苦地为女婿搭建的秀场，被这个不遵守"规则"的年轻人一声不响地给拆了，他怎能不气恼呢！都督现在的想法就是："我就不信你小子能妙笔生花，这一时半刻就写出好文章来！等你露了怯，不待老夫发作，其他名家大儒也会好好挑剔批评一番，灭一灭你小子不识进退的嚣张气焰！"

仆人再报"星分翼轸，地接衡庐"，都督听到这第二句便沉吟不语地思索起来。阎都督虽还生着气，但也觉得这第二句笔落天外，隐隐带着不凡之气。仆人又报"襟三江而带五湖，控蛮荆而引瓯越"。阎都督听了，心里不由一惊：虽仅仅三句，却不落俗套，非同凡响啊！第一句"南昌故郡，洪都新府"，开篇点明滕王阁所在地。第二句"星分翼轸，地接衡庐"，笔锋一荡，由地上而至天上，洪都的方位正在翼、轸星宿的分野；再回到人间，从地理位置上看，洪都连接着湖南衡山和江西庐山。第三句"襟三江而带五湖，控蛮荆而引瓯越"，一笔荡开，写南昌地势：三江为襟，五湖为带，胸怀楚国而指引吴越。仅仅开篇三句，不同凡响，标新立异。本为滕王阁作序，开篇却避开宴会和阁楼，不落窠臼，气势高卓。阎都督忍不住叮嘱仆人："句句来报，不得耽误！"

这边仆人开启了循环往复的节奏，那边厅堂之上的人们也收起了轻慢之态。吴子章也按捺不住好奇之心，悄悄地混进人群之中，想好好看看这个连出手机会都不给自己的高手到底是什么水平。王勃每一次落笔都吸引着众人的目光，但此时的王勃还是自顾自地沉浸在创作当中。当他望向槛外长江，眼见江天一色，澄净如练，只觉才思泉涌，提笔写下了千古名句"落霞与孤鹜齐飞，秋水共长天一色"。此句一出，满座皆惊，堂上迸发出一片喝彩声。

吴子章在看到这句后，再也不为自己没上场就落败感到憋屈了，反而暗自庆幸自己的来不及亮相。眼前这个叫王勃的年轻人，是大神级的人物，必定会名垂后世的，自己的那点才能在他面前实在不值一提。

完全被王勃才华所折服的，不只是堂上的众人，还有躲在后堂的阎都督。他听到此句，再也坐不住了，由衷地赞叹道："此真天才，当垂不朽！"于是来到前厅，趋步向前，对王勃道："果真是天下奇才啊！小婿难望项背！难望项背！"王勃不以为意地淡淡一笑，谦虚地拱手道谢，然后继续挥洒作文。文章顷刻而就，全文没有任何圈点涂改。文成，满堂惊叹。

《滕王阁序》几乎通篇用典，通篇对偶，句法整齐，用典恰当，读来典雅而工巧。从内容上看，拓展了骈文的艺术境界；从形式上看，兼具抒情性和散文化特色，达到了内容美与形式美的统一，堪称"六朝骈文之新变""唐朝骈文通俗化、格律化之先声"。王勃《滕王阁序》和骆宾王《讨武曌檄》并称中国骈文史上的"双璧"，为骈文带来了清新刚健之风。有关《滕王阁序》的这段文坛佳话，也成为中国文学史上最为动人的故事。

王勃完成《滕王阁序》后，还赋了一首诗，即《滕王阁》诗：

> 滕王高阁临江渚，佩玉鸣鸾罢歌舞。
> 画栋朝飞南浦云，珠帘暮卷西山雨。
> 闲云潭影日悠悠，物换星移几度秋。
> 阁中帝子今何在？槛外长江空自流。

此诗附在《滕王阁序》后，概括了序的内容：滕王阁仍在赣江的北岸巍然高矗，但已是佩玉无声、鸾铃寂寂、歌舞消歇。早晨南浦飞来的轻云掠过画栋，傍晚珠帘卷起西山阴沉的烟雨。潭中白云的倒影还是每日悠然漂荡，时光推移，景物变化，却已是数个春秋。修建这滕王阁的帝子如今在哪里呢？只有那栏杆外的长江空自东流。

首联开篇点出滕王阁的地势并描摹当年繁荣兴盛的宴会情景。颔联紧承第二句而来，画栋飞上了南浦的云，言滕王阁的"居高"；珠帘卷入了西山的雨，言滕王阁的"临远"。情景交融间，写出了今日滕王阁的冷落寂寞。颈联由空间转入时间，写时日之悠长，自然而然地关联出季节的更迭、斗转星移的感慨。尾联承上联感慨世事变迁，繁华易逝，如今人去阁在，只有江水永流，富有哲理意味。

这首诗，我们现在看到的是完整无缺的，但当时的阎都督等人看到的却是残缺版，缺的也不多，就一个字。王勃写完令人惊叹的《滕王阁序》后，接着写了这首诗，但最后一句却是这样的："阁中帝子今何在？槛外长江自流。"显然，这句诗缺了一个字。

王勃将序文和诗呈给都督阎伯屿后，便起身告辞了。阎都督此时也不生王勃拆台的气了：就凭着手中的这篇锦绣文章，滕王阁将天下闻名，他和他的女婿自然也会跟着蹭到热度。阎大人美滋滋地看着王勃的诗，正待做个点评、发表一下慨叹时，忽然发现有点不对劲：咦！这怎么好像缺了一个字呢？为什么会缺字呢？是王勃没想好用什么字呢，还是故意空下的呢？他身边的文人雅士们也发现了这个问题，便展开了热烈的讨论，主要可以分为两大派："水"字派和"独"字派。两大派各说各理，又都觉得自己的才是正解、才是高见，一时间相持不下。尽管阎都督被他们的高论吵得有些头疼，却清楚地知道这都并非作者原意；与其在这里浪费时间胡猜，还不如直接去问问王勃呢。

于是，阎都督命人骑上快马去追赶王勃，请他把落下的字补上。那人骑马一路狂奔，追上王勃说明来意后，王勃的随从回答道："我家公子有言，一字值千金，望阎大人海涵！"那人一听，吓了一跳，这是个啥字啊，还值一千金？但他可没有一千金，还是赶快回去向都督汇报情况；等有钱的都督大人出了钱、买了正确答案，他不用花钱就知道是啥字了。

那人赶回来复命，将王勃随从的话转告给了阎都督。阎伯屿一听不由得皱起了眉头，心里暗想："这个王勃又来惹本官生气！一字千金，分明是在敲诈本官！"可心里还十分想知道那个缺失的字到底是个什么字。他思想斗争了一会儿，忽又觉得这笔买卖其实自己不算吃亏，甚至还有赚头。一千金，不仅买到了标准答案，而且还能给自己买个礼贤下士的好名声。嗯，一举两得的好事！阎都督说办就办，命人备好纹银千两，亲自率领一众文人学士前往王勃的住处。

王勃早料定阎都督必会前来，但接过银子时王勃故作惊讶地说："何劳大人下问，晚生岂敢空字？"听到王勃"睁眼说瞎话"，有人忍不住问道："那所空之处该当何解？"王勃笑道："空者，空也。阁中帝子今何在？槛外长江空自流。"

这个标准答案一公布，大家一致称妙，"水"字派和"独"字派都服了。"水"字派的"水自流"，江和水自是可以无缝对接，但实在太过平淡。

"独"字派的"独自流"，虽有了些诗的韵味，比起"空自流"来还是少了诗的意境。一个"空"字，将世事变迁的感慨，化为了更有深度的哲理性思辨。王勃以"空白"为"空"字，这无声胜有声的暗示，竟是如此巧妙！阎大人意味深长地说："一字千金，值得！王勃实不愧为当今奇才！"

从此，王勃的那句"落霞与孤鹜齐飞，秋水共长天一色"，就成了滕王阁的代言广告，而滕王阁也成为名扬天下的景点。自王勃的"千古一序"后，文人骚客登临此阁时也纷纷作文纪念自己的到此一游。如王绪作《滕王阁赋》、王仲舒又作《滕王阁记》。"三王记滕阁"传为一时佳话。后来"唐宋八大家"之首韩愈，作为唐代古文运动的倡导者，也作《新修滕王阁记》。王勃、韩愈等人就这样开创了"诗文传阁"的先河，后来的文人雅士登阁作赋题诗相沿成习。

或许因为《滕王阁序》的声名远播，或许因为王勃的才华太过耀眼，关于王勃何时创作了这篇名垂千古的《滕王阁序》，历来众说纷纭。从王

从此，王勃的那句"落霞与孤鹜齐飞，秋水共长天一色"就成了滕王阁的代言广告，而滕王阁也成为名扬天下的景点。自王勃的"千古一序"后，文人骚客登临此阁时也纷纷作文纪念自己的到此一游。

勃年龄来说，主要有四种说法：其一，《太平广记》和《古今事文类聚》主张"十三岁"说；其二，《唐摭言》主张"十四岁"说；其三，《古文观止》主张"二十二岁"说；其四，《唐才子传》主张"二十九岁"说。从王勃去哪里省父来说，主要有两种说法：一种是去江西省父路经南昌；一种是去交趾省父途经南昌。尽管各种主张莫衷一是，但并不影响我们对奇才王勃的仰慕之情。

滕王阁之上，一位衣袂飘飘的清俊少年长身鹤立，远眺秋水长天，如一幅图画镶嵌在时空的画框内，千言万语，俯仰自在。

豆豉治病

　　王勃是个天才，不仅是文学天才，还是医学奇才。他小时候不但潜心研读过大量医学著作，而且曾拜名医曹元为师学习医术，年纪轻轻就能为《黄帝八十一难经》作注，从而成就了医学史上的一段传奇。正因如此，关于滕王阁，才华横溢的王勃，不仅留下了《滕王阁序》的种种传说，还留下了一段与中药豆豉（chǐ）相关的有趣故事。

　　话说洪都府都督阎伯舆于重阳日在修葺一新的滕王阁大宴宾客，席间邀请文人骚客为滕王阁作序。在座众人纷纷推辞之时，一位俊朗少年却欣然受命。这个少年便是奇才王勃。他接过纸笔，在大家质疑的目光中潇洒地一气呵成。当千古名篇《滕

王阁序》完整地呈现在众人眼前时，阎都督和在座文人雅士不由得纷纷拍案称绝。大家赞叹《滕王阁序》实乃千古佳作的同时，也惊叹于王勃的才思敏捷：年纪尚轻，却熟知典故；奇思妙想，却一挥而就。

关于王勃的文思敏捷，还有一个"腹稿"的典故。王勃文采出众，请他写文章的人很多，据说他写文章时并不太精心构思，而是先研磨好几升墨汁，然后畅饮一番，接着蒙头大睡；一觉醒来，挥笔疾书，一字不改。人们称王勃的这种创作方法为"腹稿"。王勃的惊世才华，赢得了众人的赞叹与欣赏，阎都督更是一改先前的傲慢态度，专门为王勃设宴。

与众人欢宴几日后，王勃打算离开此地，继续自己的行程，便去向阎都督辞行。王勃来到都督府时，正遇到十几位医生在为阎都督诊病。原来，连日宴请，心情大好的阎都督不觉中多喝了不少酒，贪杯加之外邪（中医特指风、寒、暑、湿、燥、火和疫疠之气等从外侵入人体的致病因素）入侵，阎都督竟病倒了。他不但浑身发冷，骨节酸痛，胸中烦闷，而且咳喘不已，夜不能寐。经过众名医的会诊，最终决定用麻黄为阎都督治病。

这阎都督虽被病痛折磨得十分憔悴，但头脑依旧很清楚，而且阎都督对中医也略知一二。他知道麻黄不仅有疏解肌表、化痰止咳、促使患者发汗的功效，还有升高血压、令心脏兴奋的作用。麻黄可引起兴奋、失眠、不安，不适宜给失眠及高血压患者使用。年事已高且失眠的阎都督显然是不太适宜用麻黄的，他说："麻黄峻利之药，我已年迈，汗出津少，此时用发汗之药，如同釜底加薪，不可！"众位医生也知麻黄的副作用，但不用麻黄，药效不佳，症候难解。一时间，名医们有些束手无策了。前来告辞的王勃听说此事后，不觉想起了豆豉。

豆豉，是具有中国传统特色的发酵豆制调味品。它以黑豆或黄豆为主要原料，利用毛霉、曲霉或者细菌蛋白酶的作用，分解大豆蛋白质，达到一定程度时，用加盐酒、干燥等方法，抑制酶的活力，延缓发酵过程而制成。豆豉的种类较多，按加工原料分为黑豆豉和黄豆豉，按口味可分为咸豆豉和淡豆豉等等。

值得注意的是，豆豉不仅有调味的功用，还有药用价值。古人不但把豆豉用于调味，而且用它入药，对它极为看重。豆豉，古代称"幽菽（shū）"，也叫"嗜"。最早见于汉代刘熙的《释名·释饮食》篇，文中赞誉豆豉为"五味调和，需之而成"。《史记》《汉书》《齐民要术》《本草纲目》等重要典籍中，都有关于豆豉的记载。其制作历史可以追溯到先秦时期。《楚辞·招魂》中有"大苦咸酸，辛甘行些"，据王逸注"大苦，豉也"，"大苦"即为豆豉。东汉时，豆豉开始用作药物。此后历代食籍、药籍均有关于豆豉的记述。

几天前，王勃经过河边，看见一位老翁正在沙滩上翻晒豆子，便问："老人家，您晒这些豆子做什么啊？""做菜啊！"忙碌的老人头也不抬地回答道。王勃望着那一大片的豆子，好奇心起，便抓了一把豆子仔细观看，奇怪地问："做什么菜需要这么多豆子呢？这豆子又如何做菜呢？"老人抬起头看了看王勃，说："小伙子，是外乡人吧？这些豆子是要做豆豉的。"

说着老人指了指茅屋前的两口大缸。王勃上前几步，走近其中一口大缸，就见满满一缸浸泡着的草药。王勃曾在长安跟名医学过草药，认出其中是辣蓼、青蒿、藿香、佩兰、苏叶、荷叶等草药。老人一听王勃居然都说对了，没想到这年纪轻轻的少年竟还认识草药，便笑着说："呵呵，小伙子还挺有见识的嘛！"遇到"知音"，老人有了聊天的心情，放下手中的活儿，指着另一缸说："那缸是麻黄浓煎取汁。将两缸药汁相混后用来泡浸豆子，泡好后再煮熟发酵，就做成豆豉了。这豆豉可以做小菜，放点葱、蒜一炒，香中带甜，很好下饭的。豆豉还可以当调料，炒菜时放一些，也香得很！"听老人这么说，王勃便抓了几粒豆豉试尝。他将豆豉放在口中慢慢咀嚼，果真有一股清香直冲鼻窍。王勃对老人赞道："老人家，您这豆豉果然很香啊！"说着掏出银钱，买了一大包"土特产"。

现在，看着眼前一筹莫展的众位名医，精通医理的王勃心想："阎都督所言不无道理，可麻黄是方中要药，若不用就没法有效治疗。古人曾用大黄豆卷代替麻黄，称为过桥麻黄。眼下何不用豆豉来代替麻黄呢？既能起到麻黄的作用，药性又不至于太猛烈。"

于是，王勃把自己的想法说了出来："听闻当地制作豆豉，先用苏叶与麻黄等浓煎取汁，再以此汁泡豆，最后将此豆煮熟发酵。这样制成的豆豉，或可代替麻黄，不妨拿来一用。"

名医们一听，先是因为出乎意料而愣住，然后便忍不住讪笑起来。他们互相看看，仿佛在说："这个王勃虽然文章写得好，但并不懂医术啊。"就连这几日对王勃青眼相看的阎都督也直摇头："这豆豉乃当地土民小菜，焉能为药啊？"

王勃对这样的情形竟有几分熟悉：几天前他不也正是在一片质疑声中写出了《滕王阁序》吗？人们对打破寻常的事情，总是持有怀疑的态度；但正是这些创新，悄无声息地推动着社会的发展和进步。终是需要一些有勇气、敢创新的人来做一些常人想不到、不敢探索的事情啊！

想到这里，王勃淡淡一笑，对阎都督劝道：

"既然这豆豉不过是食物，吃了对身体也没什么妨碍，何妨一试呢？"阎都督想想也是：现下也没有什么好办法，豆豉又不过是个小菜，吃些即便不能治好病，也不会伤了身体。如果真有用处，那就不用再受这病痛之苦，岂不是更好？

阎都督听从了王勃的建议，连服了三天豆豉。令名医们尴尬的情况出现了：吃了豆豉的阎都督胸闷渐减，汗出喘止，竟能安然入睡了；又过了几天，病竟痊愈了。阎都督病好了，众名医也长了见识。原来，这豆豉不只是"土民小菜"，还有如此神奇的药用功效啊！名医们通过阎都督这个病例，知道了有些看似不可能的事，如果换个角度去想，或许就迎刃而解了；他们也认识到了寻常物的不寻常。

豆豉性味辛、甘、苦、凉，具有疏散宣透之性，既能透散表邪，又能宣散郁热，发汗之力颇为平稳。无论治外感发热、头痛、无汗之症，还是邪热郁于胸中之心胸烦闷、虚烦失眠，皆可应用。以桑叶、青蒿发酵者多用于治疗风热感冒，以麻黄、紫苏发酵者多用于治疗风寒感冒。看，这小小豆豉，披上斗篷，那也是"小超人"啊！

在小豆豉华丽变身的故事中，我们在称赞王勃的才能时，也应该表扬一下阎都督。虽然在《滕王阁序》的故事里，阎都督起初的表现有点官僚，有私心又没气度，但我们不能否认他是"伯乐"。正是阎都督的识才之举，最后成就了"从此洪都风月，江山无价"，成就了这千古流传的《滕王阁序》。在王勃与豆豉的故事里，阎都督不顾众名医的怀疑与讥笑，大胆地以身试"药"，才最终证实了王勃的创新疗法行之有效。如果分派系的话，阎都督无疑是王勃的伙伴，是个有胆有识的好队友。

阎都督是今湖北麻城阎家河人。据《麻城县志》载："阎公伯屿，阎家河人，唐进士。咸亨二年，为洪州都督。时，征役繁重，公专以惠化招抚，州境大治。喜文学，曾大会宾僚于滕王阁。才子王勃为《序》，阎公深赏之，至今艺林传为美谈。后量移抚州，百姓相率随之，舟航相继，其见爱如此。到抚一年，复大治。玄宗朝征户部侍郎，未至卒。"通过这段记载，我们可以了解到阎都督也并非寻常之辈，他是个有品位的文学爱好者，而且也和王勃一样是高学历人才"进士"。阎伯屿还是一个深受百姓爱戴的"好官"，颇有政绩。他曾被征为户部侍郎。唐代户部一般设有尚书一人，正三品；侍郎二人，正四品下，掌管天下土地、人民、钱谷之政，贡赋之差。"户部"为六部（吏部即考试院及人事行政局，户部即财政部，礼部即外交部及教育部，兵部即国防部，刑部即法院及法务部，工部即营建署）之一，即今之财政部，显然是个重要的部门。"侍郎"，相当于今日的副部长，掌管稽核版籍、赋役征收等会计、统计工作，也是个显要的官职。与"位卑而才高，官小而名大"的王勃不同，阎伯屿的政治才能是受到百姓认可、官方认证的。王勃的才情能彰显与世、《滕王阁序》能流传千古，何尝不是得益于阎都督这有才华、有能力的伯乐和队友呢？

阎都督病愈，王勃再次辞行。阎都督又上滕王阁为王勃饯行，并以重金相谢。王勃固辞不受，阎都督执意相赠。王勃便道："那河旁老翁独家经营豆豉，这豆豉也深得百姓喜爱。都督若真要谢我，何不扩大作坊，使制作豆豉的技艺广为流传，以惠后世？"阎都督闻言含笑点头，心中对王勃更多了一分赞许之意。从此，豆豉不仅仅是洪州的"土家小菜"，它行销大江南北，至今不衰。王勃与豆豉的故事，也成为诸多《滕王阁序》相关传说中与众不同的一则。

宝塔铭文

上元二年（675），王勃赴交趾省父，途经广州，到访宝庄严寺，恰逢该寺开设法会。因受住持托请，他写了一篇记述盛典、称颂修塔盛举的铭文《广州宝庄严寺舍利塔碑》。这是中国文学史上已知篇幅最长、内容包罗最广的宝塔铭文，也是王勃留给世人的最后一件作品。

宝庄严寺，今名六榕寺，是一座历史悠久、海内外闻名的古刹。它与光孝寺、华林寺、海幢寺并称为广州佛教"四大丛林"。六榕寺因苏东坡当年为寺庙题字"六榕"而得名。如今六榕寺山门上悬挂的"六榕"二字牌匾，便是苏轼所书。山门两侧的楹联"一塔有碑留博士，六榕无树记东坡"，静静地诉说着当年的盛事。虽然如今的六榕寺内已经没有了那枝繁叶茂的六株大榕树，但在宋代，这里确实曾生长着吸引了大文豪苏轼目光的六棵枝叶繁盛的古榕。北宋元符三年（1100），苏东坡自海南北还，经过广州。寺僧慕东坡之名，力邀其题字。东坡居士见寺内有绿盖如阴的古榕，欣然写下"六榕"二字，故曰"六榕无树记东坡"。"六榕寺"也正是由此得名。

"一塔有碑留博士"，说的则是王勃为宝庄严寺撰写宝塔铭文之事。王勃在滕王阁宴上令人赞叹的光辉事迹和一字千金的传奇故事早已不胫而走，宝庄严寺的住持已被成功圈粉。当得知偶像王勃来到广州时，住持的脸上露出喜不自禁的笑容，心里盘算着一定要请王勃来为修葺一新的舍利塔题写碑文以作纪念。于是，在住持诚挚的邀请下，王勃来到宝庄严寺参观并写下了这篇中国迄今为止最长的宝塔铭文《广州宝庄严寺舍利塔碑》。当时，这篇碑文原本竖在舍利木塔旁边，后舍利木塔在五代南汉灭亡时焚毁，今日之塔是后人在旧址上重建的砖木结构阁楼式宝塔。而刻有王勃碑文的石碑也在清代遗失。今人依据《王子安集》《广东通志》等典籍中记载的碑文，抄录校对后重新予刻碑立于寺内。

在中国古代思想史上，王勃的祖父王通第一个以儒家学者的身份，提出儒、释、道是可以相容互通的。在家学思想中浸染成长的王勃，对祖父王通的著述谙熟于心，家学思想自然而然地融入了王勃的血脉之中，他自然也继承了祖父"三教可一"的思想。在王勃的思想中，既包含着儒家的积极向上思想，又兼具道、释的乐观旷达精神。在王勃的作品中，儒家思想虽一直居于主导地位，但同时也包含着道教精神和佛教因素。他的作品，特别是游蜀的序、记、碑文中，包含了较多的佛教因素。他在蜀地期间，不但接触到许多佛教经典，为佛教典籍撰写了一些序、记，如《四分律宗记序》《释迦如来成道记》，还在游览佛教圣迹时，写下了不少的佛寺碑文，如《益州绵竹县武都山净慧寺碑》《益州德阳县善寂寺碑》《梓州郪县兜率寺浮图碑》等。在与佛教的密切接触中，王勃思想中也沾染了佛教的因素。当仕途遇挫后，他便移情山水，用释、道精神来自我慰藉。正是由于王勃精通佛教经典，具有很深的佛教文化修养，并在一定程度上接受了佛教的影响，所以他才能创作出这有史以来篇幅最长、内容最丰富的宝塔铭文。

如今这世上能有这篇最长的宝塔铭文，说来要感谢宝庄严寺的那位住持。若不是他的一念执着，也许就错过了这值得铭记的碑文。遗憾的是，纵使这世上有再多仰慕王勃才华的"铁粉"，也未能阻拦不幸的降临：王勃由广州渡海赴交趾时，溺水而亡。这篇《广州宝庄严寺舍利塔碑》竟成绝笔。

六榕寺内不仅有王勃最后的墨宝，还有一段未来得及酝酿便已飘散的爱情。在王勃辉煌而短暂的一生中，有温暖的亲情，有真诚的友情，却没有甜蜜的爱情。在六榕寺，王勃见到一女子所撰的《鋬（pán）鉴图铭》，赞赏不已，还为之写了序。六榕寺中的这次邂逅，或许是王勃一生中仅有的一次与爱情相关的际遇了。

宝庄严寺内，一个仆人打扮的人向正在参观的王勃走去，走到近前，试探着问道："这位大人，请问您可是'四杰'之首的王勃王大人吗？"王勃看眼前人虽是下人，说话却彬彬有礼，便答道："在下正是王勃，但不知您找在下所为何事？"

仆人听他此言，脸上现出意外而惊喜的神色，心里想：小姐还真厉害，这人果然是王勃大人。仆人答道："小人家主人今日来此上香还愿，得知大人也在此处，因久慕大人盛名，便特意嘱咐小人前来约请大人。不知大人可愿与我家主人见上一见？"

王勃心想："这位小主人也是个有趣的兄台，既然有意相见，爽快前来便是，何故如此多礼呢？"想到此便说："你家主人不必如此客气，不妨前来一同欣赏这寺中风光！"

仆人略迟疑了一下，回答道："禀告王大人，我家主人是何家小姐。"

这次轮到王勃迟疑了。王勃年少便声名远播，慕其才华者众多，他以文会友也习以为常，却是第一次碰到"小姐"的约请。王勃终究是性情洒脱之人，思忖片刻，便道："何家小姐既知我在这里，前去看看也无妨，那就请你带路前往吧！"

不多时，仆人带王勃来到寺庙中一个清净的所在。但见一女子携一丫鬟亭亭玉立地站在树下，待王勃他们走到近前，女子微微施了个礼，浅笑盈盈地说道："多谢王大人前来与小女子相见。"

王勃见这女子眉目清秀、举止端庄大方，令人一见便心生好感，便还礼说道："有幸相见，但不知小姐怎样称呼？邀我前来有何事吩咐？"

女子笑答："王大人您言重了，小女子无才无德，怎敢吩咐大人您呢？只是小女子仰慕大人文才已久，今日听闻大人来这宝庄严寺游赏，所以冒昧相约，想请您略为指点。"说完，示意一旁的丫鬟将一篇写着《转轮钩枝八花鉴铭》的文章交给王勃。

鏊鉴，一种束衣皮带上所饰之铜镜。这《鏊鉴图》也名《八花转轮钩枝鉴铭》，原创者为唐代南海奇女子，佚名。清初屈大均《广东新语》卷8《女语·南海女子》中说：《鏊鉴图》铭"凡一百九十二字，回环读之，四字成句。其构思精巧，寓词箴规，似有得乎风人之旨，可与苏若兰《璇玑图》、范阳杨氏《天宝回文》诗并传"。

但见一女子携一丫鬟亭亭玉立地站在树下，待王勃他们走到近前，女子微微施了个礼，浅笑盈盈地说道："多谢王大人前来与小女子相见。"

王勃接过文章，仔细读了起来。文章文字不多，却构思精巧。他不由得惊叹女子的兰心蕙质，赞叹道："小姐有如此才思，令人佩服！在下实不敢妄改一字！"

女子温婉一笑，回答道："王大人落笔生花，名满天下，今日有幸得见，还请大人能点拨一二。"王勃闻言，不好再推辞，便让随从拿出纸笔，即兴挥毫写下了《鬐鉴图铭序》回赠这位女子。

在这篇序文里，王勃称颂了女子的才华："昔孔诗十兴，不遗卫姜；江篇拟古，无隔班媛。盖以超俊颖拔，同符君子者矣！呜呼！何勤非戒？何述非才？风律句存，士女何算？聊抚镜以长想，遂援笔而作序。"能得王勃如此赞赏，可见这个何家小姐确是不凡。难能可贵的是，王勃并没有因为对方是女子便轻看于她，反而称赞她"超俊颖拔，同符君子"。这种尊重女性的思想最是难得。在"女为悦己者容"的时代里，有人能欣赏你那从精致妆容中越出的独特灵魂，当是可遇不可求的幸运吧！何小姐，即便是被视为无名才女，也是幸运的。因为自己仰慕的才子，看到了自己与众不同的光彩，被这光彩惊艳，为这光彩吸引。有这一句"聊抚镜以长想，遂援笔而作序"，此生足矣！

如果所有故事都是童话，那么一切都有美好的结局。王勃的结局，应当是与何小姐成就一段佳缘，做一对意气相投的璧人，从此过着幸福快乐的生活。然而，童话只在童话书里。在有迹可循的史料里，有的不过是他们可能相遇过的痕迹。

唐抄本《王勃集》卷末载，"唐高宗上元二年（675）十一月初一至初七，王勃将之交趾（今越南北部），旅次南海"；"有好事者，以《转轮钩枝八花鉴铭》示之"；"聊抚镜以长想，遂援笔而作序。太原王勃撰"。南海，唐代隶属于岭南道广州。姚大荣《惜道味斋集·王子安年谱》载："唐上元二年，王勃应广州宝庄严寺之邀，撰写舍利塔碑文后，方丈相赠《鏧鉴图》。王勃爱不释手，援笔作《鏧鉴图铭序》。珍藏于箱箧，收录诗集。"从这些史料中我们可以知道，构思精巧的《鏧鉴图》铭文是一位南海女子所作，王勃对《鏧鉴图》甚是喜爱，还为之写《序》。

王勃的人生中，终于有了一抹柔情的色彩。南海，宝庄严寺。王勃留下了他人生中最后的辉煌，也留下了那似有还无的爱情往事。

魂归碧波

　　上元二年（675），皇太子李弘猝死，李贤继立皇太子，王勃又遇大赦。当年鼓动王勃做《檄英王鸡》的沛王如今已成为皇太子，屡次官场失意的王勃却已甘心为民。朝廷让王勃官复原职，王勃未去就任，选择了弃官为民。曾经同登高台的意气，早已在飘忽的旧梦中纷纷零落。此后，王勃要筹备的事，是远赴交趾探望父亲。

　　交趾，又作"交阯"，在今越南河内一带。交趾本是古代北方中原人在古籍中描述"南蛮"民族风俗的词，后来用于指代南蛮人所居的中原以南的区域。父亲因自己的过失被贬到如此偏远的南方荒蛮之地，王勃深感愧疚，曾写下《上百里昌言书》检讨自己的过失："今大人上延国谴，远宰边邑。出三江而浮五湖，越东瓯（ōu）而度南海。嗟乎！此皆勃之罪也，无所逃于天地之间矣！"

诉说自己对父亲的歉疚之情："明君不能畜无用之臣，慈父不能爱无用之子。何则？以其无益于国而累于家也。呜呼！如勃尚何言哉？辱亲可谓深矣！诚宜灰身粉骨，以谢君父，复何面目以谈天下之事哉？"明君不能容留无用之臣，慈父不能亲爱无用之子。为什么？因为他无益于国而连累于家啊。啊呀！像我这样还有什么可说的呢？使父亲受到的侮辱可谓深重啊！确实应当粉身碎骨，以谢罪于君王慈父，还有何脸面谈天下之事！

于是，王勃放下了"天下之事"，"出三江而浮五湖"，不为寻仙访友，只为向父谢罪。舟车劳顿，一路南行，所历颠簸之苦却使王勃再次感受到父爱的温暖。此时的王勃不再是令人羡慕的"神童"，而是给父亲带来不幸的"灾星"。众人交口称赞的"神童"、乖巧孝顺的医学天才，光彩照人的岁月俱往矣，如今的王勃是个身负杀人罪名、屡遭贬谪、令家族蒙羞、使慈父不幸的失意之人。那个曾经骄傲洒脱的天纵奇才，沉浸在深深的自责里。

然而，在父亲王福畤的眼中，王勃依然是自己的爱子。纵使自己因为儿子的失当行为而遭受贬谪，他也只是平静地接受了命运，没有埋怨和苛责王勃。正因父亲的宽厚与体谅，王勃虽对父亲深怀歉意，但心态并未失衡。一路走来，竟写下不少佳作，如《采莲赋》。《旧唐书·文苑列传上·王勃传》中评价说："上元二年，勃往交趾省父，道出江中，为《采莲赋》以见意，其辞甚美。"此赋内容宏博，文辞典丽，显示出非凡的才华与浪漫气质。在赋中，王勃抒发了仕途失意的忧郁愤懑，却未放弃对未来的憧憬与期望。

遗憾的是，这位天才的人生并没有因为憧憬而再现辉煌。仪凤元年（676），渡南海时，王勃落海溺水而亡，年仅二十七岁。王勃之死，和他莫名其妙地杀掉官奴一样，徒留许多惊讶与慨叹。各种猜测交织成谜。有人说他未达交趾，没见到父亲前就死去了；有人说他是在探父之后的归途中遇难的；有人说他在海上遇到风浪，渔船颠簸中不幸落入海中被淹死；有人说他既想当面向父亲致歉，又深感

遗憾的是，这位天才的人生并没有因为憧憬而再现辉煌。仪凤元年（676），渡南海时，王勃落海溺水而亡，年仅二十七岁。王勃之死，和他莫名其妙地杀掉官奴一样，徒留许多惊讶和慨叹。

愧疚觉得无颜面对慈父，深陷矛盾之中无法自解而投海自杀。才高命蹇的王勃，如流星划过夜空一般，将一抹叹息留在了人们心中。

传说王勃曾遇到过一位奇人，这个人为王勃相面说："您神气强盛但骨相软弱，气度清朗但身体单薄，而且您的脑骨下陷，眼睛也有缺陷。就您的骨相来看，您的命运啊，是只开花而不结果，最后终究不能飞黄腾达啊！"《唐才子传》中借此逸闻，表达对王勃才气过人而生命短促的无奈之叹、惋惜之情。

高宗三叹

著名诗人余光中的自由诗《寻李白》中，以"绣口一吐，就半个盛唐"，称颂李白对唐代诗歌发展做出的巨大贡献。诗仙李白在中国诗歌史上有着崇高的地位，被认为是最伟大的浪漫主义诗人。即便如此，也有人不以为然地说：如果没有那场意外，"绣口一吐，就半个盛唐"的人应该是王勃。虽然王勃的一生如绚丽的焰火一般，惊鸿而短暂，但无论在当时还是后世，他都是不一样的焰火，都是令人赞叹、惋惜的焰火。

仪凤元年（676），冬日的寒风不减长安城里人们传颂《滕王阁序》的热情。这脍炙人口的佳篇美文，很快就传到了皇宫中。

一日，闲来无事的唐高宗问身边的太监："近日，长安城中可有什么新鲜事？"

太监回答道："皇上，最近这长安城里传的最热闹的是一篇叫《滕王阁序》的文章。"

唐高宗便问："这《滕王阁序》有何特别？"

太监答道："皇上，听说读过此文的人都忍不住连连赞叹，那滕王阁都跟着出了名，好些文人雅士纷纷前去游览呢。"

唐高宗听了，好奇起来，问道："此文是何人所写啊？"

太监听了这个问题，回答的声音低沉了不少，轻轻说道："是王勃。"

唐高宗听到这个名字，不由得皱起了眉头，说道："可是那位写了《檄英王鸡》的王勃啊？"

太监答："正是此人！"

时隔多年，唐高宗仍记得那篇让他深以为患的檄文，那文采斐然的文章令他如芒在背。诸王争权夺位的残酷斗争是皇室不可言说的痛，那个年少轻狂的王勃，竟不知深浅地做起"文章"来，实在是胆大妄为！不过，当年的沛王，今日已经成为太子，而且深得自己的喜爱。唐高宗曾亲笔下诏表扬李贤："皇太子自留守监国以来，虽时间不长，但留心政务，抚爱百姓，尽心尽力。政务之余，精研圣人经典，领会深意。皇太子善良正直，勤政爱民，堪称国家的希望，朕心甚慰！"

想到自己优秀的宝贝儿子，唐高宗的脸上微微露出笑意。不管怎样，自己的乖儿子并没有被那个"歪才"带跑偏。如今想来，当时那个王勃还曾多次上表献颂，那篇《九成宫颂》写得气势磅礴、文辞绚丽，精彩堪与司马相如的《子虚赋》《上林赋》、扬雄的《甘泉赋》《长杨赋》相比。洋洋洒洒四千余言，实乃初唐鸿文。王勃虽曾犯了皇家忌讳，但文章确实写得不错。

思及此，唐高宗对身边太监说道："将那《滕王阁序》取来给朕看看。"太监答应一声，没用多久就拿来了文章——文章实在太精彩了，大家争相传抄赏读。

唐高宗接过去，读了起来。起初他还神色自若，目光里带着些许挑剔，读着读着便不时点着头说："不错！不错！""嗯，好！好！"读到"落霞与孤鹜齐飞，秋水共长天一色"一句时，他不禁拍案惊叹道："此乃千古绝唱！"这一句不但对仗工稳，而且意境天成。读至此，仿佛人已不再囿于宫墙之内，而是立于滕王阁之上。虹消云散，阳光朗照，遥望落霞与孤雁一起飞翔、秋水和长天连成一片的景象，让人心胸顿觉舒畅。

唐高宗一边赞叹王勃的妙笔生花，一边迫不及待地继续往下看："关山难越，谁悲失路之人？萍水相逢，尽是他乡之客。怀帝阍（hūn）而不见，奉宣室以何年？"读到此处，似乎能听见面带愁思的王勃望着夕阳无奈地叹息："关山重重难以越过，有谁同情不得志的人？萍水偶然相逢，大家都是异乡之客。心系朝廷，却不被召见，什么时候才能像贾谊那样去侍奉君王呢？"

那时光易逝、壮志难酬的感慨，那盈虚有数、命运多舛的悲伤，让唐高宗也不由得心生悲戚之意。然而，那历经磨难的少年并没有因为遭遇困境而沉沦于悲伤，他以"老当益壮，宁移白首之心？穷且益坚，不坠青云之志"之句，表达了自己虽身处逆境却仍心胸开朗、立志报国的乐观精神。"东隅已逝，桑榆非晚"，早晨虽然已经过去，但还有黄昏可以珍惜。

唐高宗心想：即便过去的时光已经消逝，珍惜将来的日子还不算晚，这是何等豁达啊！这王勃虽年纪尚轻，却"达人知命"，难能可贵啊。此文骈俪藻饰，辞采华美；善用典故，简练含蓄；句式错落，节奏分明，读来令人心潮澎湃。前一部分曲描婉写，璧缀珠联，极为奇丽；后一部分别出机杼，抚今思古，抒写怀抱。"前半以景胜，后半以情胜"，然而，"非情无以显景，非景无以寓情"（唐德宜《古文翼》），故前半写景却是景中有情，后半写情却是情中有景。

唐高宗满怀赞叹地读完了《滕王阁序》，却见后面还有一首四韵八句的诗："滕王高阁临江渚，佩玉鸣鸾罢歌舞。画栋朝飞南浦云，珠帘暮卷西山雨。闲云潭影日悠悠，物换星移几度秋。阁中帝子今何在？槛外长江空自流。"

文，已经令人叹为观止；诗，同样令人击节叹赏。这一文一诗，令唐高宗一扫成见，他心目中的

"歪才"王勃,"华丽"地升级为"天才"王勃。就听他连声赞叹道:"好诗!好诗!前面已经作了一篇字字珠玑的长文,却还能写出如此好诗来,真乃旷世之才!旷世之才!当年朕实不该因斗鸡檄文一事就将他驱逐贬斥了啊!"

唐高宗拿着那篇文章,一副爱不释手的模样。立在一旁的太监这才算放下心来。刚才他一直暗暗责怪自己:怎么就和皇上提起王勃来了呢?只怪这王勃的《滕王阁序》实在是写得太好、太引人瞩目了。最近这段日子谁不知道这篇文章呢?这一时间自己都忘记了那斗鸡檄文事件。不过,也幸亏这篇文章写得好,皇上看了这样高兴,也就不会怪罪自己了。

这时,就听见唐高宗问他说:"王勃现在何处?朕要召他入朝!"

太监一听,刚放下的心又提了起来,吞吞吐吐地回答道:"那王勃已落水而亡!"

唐高宗听到这个答案,神色骤变,从难以置信到怅然若失。最后,他喟然长叹着放下那篇文章,自言自语地频频哀叹道:"可惜!可惜!可惜啊！"

唐高宗哀叹着王勃的早逝。这位帝王不知道的是在一千二百八十二年之后，中国历史上又一位杰出的政治领袖发出了和他相类的慨叹。这位后世的政治领袖毛泽东，比他看到的更多，也更了解王勃，他评价王勃说："这个人高才博学，为文光昌流丽，反映当时封建盛世的社会动态，很可以读。这个人一生倒霉，到处受惩，在虢州几乎死掉一条命。所以他的为文，光昌流丽之外，还有牢愁满腹一方。"（中共中央文献研究室编：《毛泽东读文史古籍批语集》第9—10页，中央文献出版社1993年版）并且将王勃和一些与他命运相似的历史人物如贾谊、王弼、李贺、夏完淳等列在一起进行了评点："都是英俊天才，惜乎死得太早了！"

从拍案惊叹到连连赞叹，再到频频哀叹，三叹之间，唐高宗看到了王勃那令人叹为观止的惊世才华。只是，繁华易逝，焰火易冷，猝不及防间已成叹息。然而，"落霞与孤鹜齐飞"的刹那，"秋水共长天一色"的瞬间，那少年又何曾寂寞呢？彼时不曾，此时亦不曾！

王 勃
生平简表

● ◎ **唐高宗永徽元年**（650）

出生。

● ◎ **永徽六年**（655）

虚龄六岁，已能做文章，且构思无滞，词情英迈。

● ◎ **显庆三年**（658）

虚龄九岁，读《汉书注》，撰《指瑕》十卷。

●◎显庆四年（659）

虚龄十岁，精通六经。

●◎显庆五年（660）

虚龄十一岁，在长安遇到名医曹元。曹元收其为徒，授以《周易章句》《黄帝素问》《难经》。

●◎龙朔三年（663）

虚龄十四岁，以反对"上官体"知名于世。写《上绛州上官司马书》。

●◎麟德元年（664）

虚龄十五岁，这年秋天上书宰相刘祥道（《上刘右相书》），条陈国家大事，被刘右相赞为"神童"，并表荐于朝。

●◎麟德二年（665）

虚龄十六岁，通过皇甫常伯向唐高宗献《乾元殿颂》，献"颂"以图仕进之意甚明。

●◎乾封元年（666）

虚龄十七岁，通过李常伯上《宸游东岳颂》。应幽素举，及第，拜为朝散郎。沛王闻其名，召为王府修撰。

●◎总章二年（669）

虚龄二十岁，因斗鸡檄文被罢黜，辞别长安，入蜀游历。

●◎咸亨元年（670）

虚龄二十一岁，是年时选，朝中显要先后征召王勃，王勃因病辞谢。九月九日重阳节，与卢照邻、邵大震同游梓州玄武山。

●◎咸亨二年（671）

到成都，三月三日上巳节，与卢照邻同赴曲水宴。秋冬，自蜀地返回长安参加科选。

●◎咸亨三年（672）

其父王福畤任太常博士，居长安。王勃离开蜀地，回到了长安。"初唐四杰"齐聚长安。

●◎咸亨四年（673）

虚龄二十四岁，重返仕途，任虢州参军。

●◎咸亨五年（674）

虚龄二十五岁，匿杀官奴曹达获罪，身陷囹圄。八月十五日，唐高宗追尊六代、五代祖及妣（bǐ）为皇帝、皇后，增高祖、太宗及皇后谥号，自己称天皇，武后为天后，以避先帝、先后之称。改元上元，大赦天下。王勃因遇大赦，免死除名，被释出狱。

●◎上元二年（675）

将之交趾（今越南北部），秋，从洛阳出发沿运河南下。旅次南海，作《釁鉴图铭序》。

●◎仪凤元年（676）

虚龄二十七岁，交趾省父，堕水而卒。